GW00976117

LILY BECKER-MASSART

LE PLAISIR D'ENCADRER

COMME UN PROFESSIONNEL

LILY BECKER-MASSART

LE PLAISIR D'ENCADRER

COMME UN PROFESSIONNEL

A mes enfants
futurs encadreurs amateurs.

Editions Fleurus, 11, rue Duguay-Trouin 75006 Paris

SOMMAIRE

Lettre ouverte
aux futurs encadreurs

Chers lectrices et lecteurs, mes amis,
« En chacun d'entre nous un artiste sommeille. » Il suffit d'un peu de goût, de patience et de persévérance. Les travaux manuels apportent une détente morale et physique. L'habitude d'un travail bien fait vous procurera beaucoup de plaisir. Vous deviendrez des amateurs passionnés !
Suivez bien mes conseils : faites-vous surtout, pour chacune des principales techniques, des patrons, des maquettes que vous pourrez relier comme des livres d'images. Ce seront de précieux aide-mémoire.
Je tiens à remercier mes élèves qui m'ont poussée à vous livrer mes secrets. Mon but est de vous transmettre mon savoir, une passion. *Le plaisir d'encadrer comme un professionnel* vous donne les moyens de créer votre univers à vous : choisir vos teintes, vos papiers, vos tissus, vos formes, vos baguettes.
Je termine cette missive avec l'espoir que ce livre, fait avec tant de passion, est bien celui que vous attendiez, qu'il vous fera passer des heures, des jours, où le temps ne comptera plus.

Lily Becker-Massart

Avis aux débutants

Vous n'avez jamais réalisé d'encadrement. Voici quelle progression suivre. C'est celle que je propose à mes élèves.

1. Faites la connaissance des outils (page 13) et des matériaux (page 19).

2. Apprenez à couper et à équerrer les cartons (page 33).

3. Apprenez à poser un anneau sur un carton de fond (page 45) et à marquer les repères des cartons (page 36).

4. Avant de réaliser un sous-verre ou un encadrement, commencez toujours par faire une maquette (page 37).

5. Sachez prendre les mesures de la fenêtre-image (page 53), les largeurs des marges (page 59), les mesures du carton de fond (page 59) et constituez le paquet (page 47 et 50).

6. Faites d'abord un sous-verre (page 51). Au début, faites couper les verres par un professionnel.

7. Réalisez une bordure personnalisée (page 52).

8. Coupez le prototype d'un cache et réalisez un encadrement avec cache (page 59).

9. Apprenez à couper les baguettes (page 112), à assembler un cadre (page 116), à couper le verre (page 49), à fixer le paquet dans le cadre (page 119) et à fermer le dos de l'encadrement.

10. Apprenez à vieillir le papier doré (page 79).

11. Réalisez un cache à sous-carte (page 70) en commençant par faire une maquette.

12. Faites une maquette de biseau (page 74) et apprenez à border un biseau (page 78).

13. Faites un encadrement avec biseau.

14. Réalisez une maquette du biseau à sous-carte extérieure (page 82).

15. Apprenez à tracer des filets, à poser des filets dorés, et à tracer des filets au tire-ligne (page 66).

16. Faites une maquette du biseau à fenêtre agrandie sur fond de cache (page 86).

17. Puis une maquette du biseau à fenêtres superposées (page 90).

18. Une maquette des biseaux à fenêtres inégales (page 86).

19. Une maquette de biseaux à bandes superposées (page 91).

20. Une maquette de boîtage (page 136).

21. Apprenez à faire l'habillage des différents angles (page 43).

A vous, les artistes, de choisir les autres techniques. Après chaque maquette, réalisez l'encadrement correspondant pour mettre en œuvre vos nouvelles acquisitions.

L'OUTILLAGE

Sachez qu'il suffit d'un crayon, d'un cutter, d'une équerre et d'un système de coupe de précision pour biseaux, pour réussir de beaux encadrements. Au fur et à mesure de vos progrès et de vos besoins, vous pourrez compléter votre panoplie.

L'OUTILLAGE INDISPENSABLE

Voici les outils dont je me sers moi-même habituellement. Ne vous inquiétez pas de la somme que vous investirez dans cet ensemble, vous l'amortirez très vite, en quelques réalisations.

PLAN DE TRAVAIL

Les professionnels travaillent sur des tables de 95 cm de haut.

Un carton gris. Le plan de travail peut être un carton gris, d'épaisseur 3 mm, format 80 × 60 cm.

Une plaque de verre. Comme les professionnels, découpez les fenêtres du contrecollé et des cartes sur une plaque de verre. La coupe sera plus nette.
Epaisseur 5 mm, format 50 × 20 cm.

OUTILS DE TRAÇAGE

Une équerre plate en acier, épaisseur 5 mm, de 20 ou 25 cm.
Un compas porte-crayon, de préférence avec écrou de blocage, longueur 15 ou 20 cm.
Une règle lourde en acier, épaisseur 5 mm, de 70 ou 80 cm.
Un réglet en Duralumin, longueur 50 cm, largeur 3 cm.

OUTILS DE REPÉRAGE

Un poinçon ou une alène. Sa tige aussi fine qu'une aiguille fait de lui l'outil indispensable pour marquer les repères, tracer une ligne, le chemin d'un pliage, d'une coupe. Son manche en bois, ou métallique, permet de le tenir comme un crayon. Je le préfère à la **pointe sèche,** autre outil de précision. Chez les fournisseurs, pour obtenir un poinçon presque aussi fin qu'une aiguille, demandez une alène ou une aiguille droite métallique. Vous pouvez vous confectionner un « poinçon » en piquant une aiguille dans un bouchon.

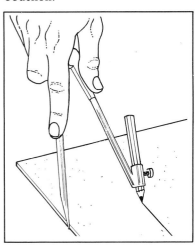

Compas porte-crayon.

OUTILS DE COUPE

Un cutter. C'est un couteau spécial pour la coupe des cartons, à la lame très tranchante. Il existe des cutters à lame unique, remplaçable, et des cutters à lame rétractable constituée d'éléments que l'on casse au fur et à mesure que la lame s'émousse. Les uns et les autres doivent avoir une vis de sécurité.

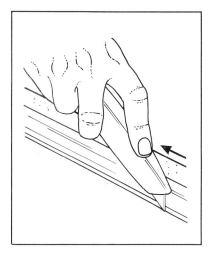

Un système de coupe de précision constitué d'une règle spéciale anti-dérapante, d'un guide de coulissement, d'outils de coupe à 45°et à 90°.

Une boîte à coupe d'onglets et une scie pour couper les baguettes.

BOÎTE À COUPE D'ONGLETS ET SCIES

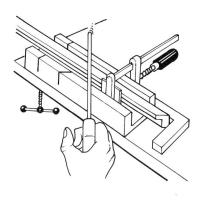

La boîte à coupe d'onglets en bois peut vous permettre de réaliser vos premières coupes. Après un certain temps, le bois est trop abîmé et il faut la changer. De l'exactitude de la coupe dépend le bon assemblage de vos baguettes, d'où l'importance du choix.
Les meilleures scies à coupe d'onglets possèdent des butoirs et un dispositif de réglage longitudinal : sans être obligé de mesurer les baguettes séparément, on peut couper simultanément plusieurs baguettes de même longueur. Ce dispositif peut être placé du côté gauche ou du côté droit de la machine. L'angle de coupe peut être réglé à 45°, 30°, 36°, 22,5° ou 90°, grâce à un encliquetage.
Certaines machines* sont équipées de plusieurs lames adaptées aux différents matériaux. D'autres** possèdent une mâchoire d'arrêt qui fixe la baguette pendant la coupe.

* Ulmia.
** Hobby Star.

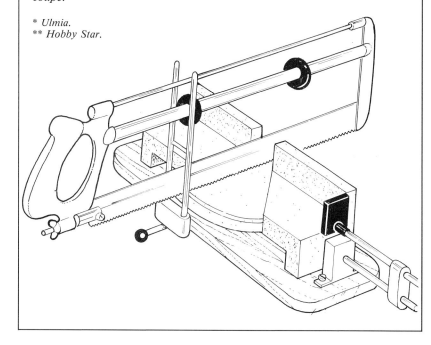

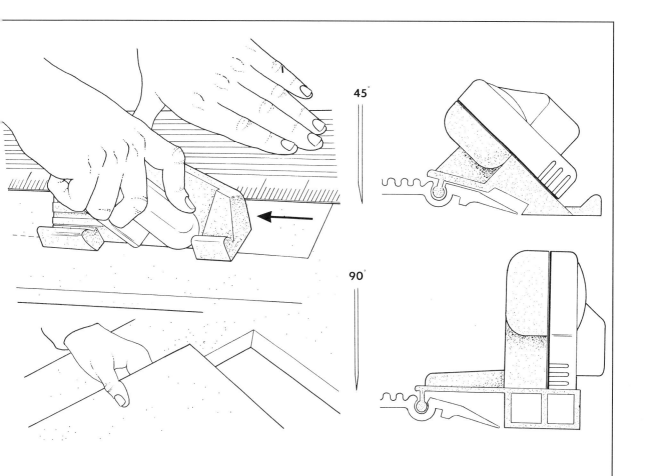

LE SYSTÈME DE COUPE DE PRÉCISION

Ce système de coupe*, constitué d'une règle spéciale et de deux outils de coupe à 45 et 90°, est indispensable à tout encadreur amateur soucieux de travailler comme un professionnel. La réussite des biseaux et des coupes droites est assurée du premier coup.

La règle antidérapante est adaptée aux trois fonctions : mesure, coupe, et traçage. Les ergots de l'outil s'adaptent au rail placé tout près du bord gradué de la règle et permettent à l'outil de coulisser sur toute la longueur de la règle. La stabilité du système supprime tout risque de déviation, la coupe est nette.

L'outil possède des repères de début et de fin de coupe qui permettent une grande précision pour la découpe des fenêtres. L'outil à 45° peut couper une épaisseur jusqu'à 5 mm, l'outil à 90° jusqu'à 9 mm. La forme de l'outil permet une bonne prise en main. La lame se rétracte automatiquement en fin de coupe, sans danger pour les doigts. La lame de l'outil à 45° est biseautée sur une face aux deux extrémités. Quand une extrémité est usée, on peut se servir de l'autre. Faire attention au sens de la lame. Par contre, la lame de l'outil à 90° est biseautée aux deux extrémités et sur les deux faces.

On peut donc se servir de la lame quatre fois, en la retournant et en l'inversant. Il suffit de déplacer les angles opposés à la lame. Avec l'outil à 45°, vous pourrez couper à main levée ronds, ovales, ellipses, polygones, et bien d'autres formes. Avec l'outil à 90° vous pourrez réaliser les coupes droites des cartons bois.

***Remarque.** Les dimensions possibles pour l'ouverture d'une fenêtre sont égales à la longueur de la règle moins deux fois la longueur de l'outil. C'est-à-dire qu'une règle de 60 cm permet une ouverture de 40 cm. Elle existe en 60, 80 cm et 100 cm.*

* Chez *Maped*, avec règle *Profila* par exemple.

OUTILS DE FIXATION

Des anneaux Dés étriers (anneaux en forme d'étriers) en acier laitonné, diamètre de 16 à 22 mm. Fixation par ruban pur fil de lin de largeur 15 mm, ou par lacet laitonné de longueur 30 mm.

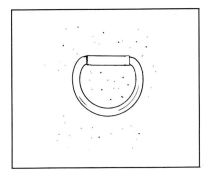

Deux pinces à dessin.
Deux serre-joints de préférence à serrage rapide.

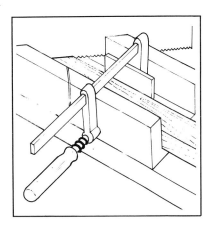

Des pointes tête homme. Elles sont en acier ou en acier laitonné. Elles bloquent le carton de fond et sont totalement invisibles après clouage. Petits encadrements : 12 × 2 ; moyens : 14 × 2 et 16 × 2 ; grands : 18 × 4 et 20 × 3.
Un marteau léger à panne carrée de 12 mm spéciale pour clouages fins.
Un chasse-clou avec une petite cuvette à son extrémité pour faciliter le clouage.
Un serre-cadre. Voir page 116.

COLLES ET ADHÉSIFS

Colle d'amidon. Les meilleures sont celles qui contiennent une forte proportion d'eau. Le collage des papiers se fait principalement à l'amidon de riz ou de maïs. Elle permet les collages de tous les papiers (sauf papiers glacés), elle est souple, sèche assez vite.

Les colles pour papiers peints du commerce, à base d'amidon, sont faciles à utiliser, et donnent d'excellents résultats. Mais une fois préparées, elles ne se conservent pas.

Colle de pâte. C'est une des meilleures colles. Elle est à base de farine de blé. Vous pouvez la faire vous-même. Diluez, à l'eau froide ou tiède, un volume de farine pour cinq volumes d'eau. Sur feu doux, remuez énergiquement jusqu'à ébullition. Laissez refroidir. Tamisez s'il y a des grumeaux.

Cette colle ne se conserve pas plus d'une semaine au réfrigérateur, surtout l'été. Pour la conserver plus longtemps, ajoutez quelques gouttes de formol pour éviter qu'elle ne tourne.

Dans le commerce, vous trouverez des colles de pâte chimiques imputrescibles.

Colles neutres. Elles sont à utiliser pour les papiers et les cartons à haute qualité de conservation. Exemple : colle d'amidon de maïs, prête à l'emploi, réversible, pH environ 8.

La colle de pâte et les colles neutres sont à recommander pour le collage des documents de valeur. Mais elles sont prohibées pour le collage des photos sur papier glacé. Utilisez alors l'encollage à sec (Voir page 39).

Colles vinyliques. Ces colles blanches ultra-souples sont très utilisées. Certaines sont spécifiques aux papiers, cartons, les autres au collage du bois.

Un rouleau d'**adhésif transfert double face***. Attention : n'utilisez jamais d'adhésif ordinaire (fourni tures d'écolier) : il jaunit et brûle le papier.

Kraft gommé. Pour maintenir les éléments composant le paquet. Rouleaux de 200 m, largeurs 24 et 36 mm. (Existe aussi en 48 mm et 72 mm). Couleur écrue.

SANS OUBLIER...

Un crayon gras 3B.
Un porte-mine très fin : 0,3 ou 0,5 pour les tracés de précision.
Un plioir. Outil en forme de lame de couteau, servant à aplanir les bords ou les surfaces des cartons. Les côtés du plioir sont légèrement arrondis. Il évite la trace de fausses raies. Il doit être à bout effilé, de préférence en os.

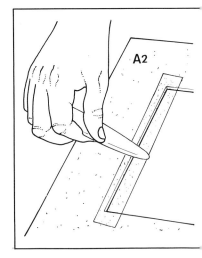

Deux pinceaux, largeurs 15 et 35 mm, pour les encollages.
De petits ciseaux pointus.
Une éponge naturelle avec de gros trous pour faire des effets en vieillissant le papier doré à l'encre de Chine. (Voir page 79).
Du papier de verre fin. Il sert à gratter le papier doré pour le vieillir, et à ébarber les fenêtres.
Une pince coupante de 11 à 15 cm.

* Gudy V.

PAR LA SUITE VOUS AIMEREZ...

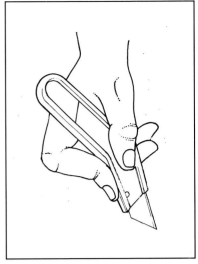

Couteau coudé.

Dans les pages précédentes, je vous ai présenté le matériel indispensable pour travailler correctement. Au fur et à mesure de vos progrès, vous aurez envie, et même besoin, d'élargir la gamme de vos outils et de vos matériaux.

PLAN DE TRAVAIL

Une plaque de coupe en PVC spécialement étudiée pour tous les travaux de coupe sera très utile. Le cutter peut pénétrer l'épaisseur de la texture, la trace de coupe disparaît miraculeusement. Sa structure ne permet pas de coupe en biais. Mais pour les coupes droites à 90°, son pouvoir est absolument magique. Elle est pratiquement inusable et permet de faire des milliers de coupes. Pour guider les coupes, un quadrillage de 5 cm × 5 cm permet d'être précis. Antiglissante, elle est idéale pour les collages de film adhésif double face. Ces plaques de coupe existent en 45 × 60 cm, 60 × 90 cm, 80 × 120 cm.

POUR COUPER LE VERRE

Un coupe-verre simple, à manche en bois avec molettes de rechange.
Un coupe-verre professionnel à réserve de pétrole pour lubrifier la molette en permanence pendant la coupe. C'est incontestablement une belle invention : la coupe est infaillible !
Une équerre de coupe renforcée, conçue spécialement pour là coupe du verre (30 × 60 cm ou 35 × 40 cm), ou **un té.**

POUR LA COUPE DES CARTONS

Un couteau coudé en alu fin poli pour les matériaux résistants (exemple : couteau *Supercoupp**), indispensable pour la coupe des biseaux à main levée.
Une cisaille d'atelier pour la coupe des cartons jusqu'à 4 mm d'épaisseur. Choisir un modèle disposant de réglage millimétrique, d'un dispositif de coupe spécial pour bandes étroites, et d'une sécurité. Il existe des modèles plus ou moins encombrants. Certains peuvent être posés sur une table.

POUR PRENDRE LES MESURES, TRACER DES FENÊTRES DE FORMES VARIÉES

Un double ou triple **mètre enrouleur** avec blocage du ruban, à lecture directe des mesures intérieures. Il permet de tracer des cercles. Largeur 12,7 ou 16 mm.
Un rapporteur demi-circulaire. Il sert aux tracés des polygones réguliers. Diamètre : 12, 15 ou 20 cm.
Des gabarits et pistolets à rebords antitaches, pour les tracés des cercles, arcs de cercles, triangles, hexagones, des coins arrondis (gabarits de tangentes radiales).
Une équerre triangulaire de 15 cm en Plexiglas pour les tracés à 45°.
Un gabarit d'angles facilite le tracé à 45°.

*Rougier et Plé.

POUR LE TRAÇAGE DES FILETS

Un tire-ligne gradué pour les filets. Voir page 66.
Une règle antitaches en Plexiglas transparent avec un bord blanc gradué. L'autre bord, antitaches, sert pour le tracé des filets à l'encre.
Des stylos* à plumes rondes et rigides permettent des traits réguliers et nets sans tacher. Se munir de plumes de différentes largeurs pour les filets. Cartouches d'encre noire ou de couleur.
Un stylo à pointe tubulaire** arrondie pour les filets très fins (0,2).
Encres de Chine, et encres à dessiner, indélébiles.
Stylos* pointe fibre** à encre pigmentée pour tracer les filets. Ces stylos existent en différentes couleurs et épaisseurs de traits. Choisir impérativement des encres résistantes à la lumière, aux frottements et à l'eau.
Un attache-compas universel pour l'adaptation de stylos à encre de Chine, tire-ligne, porte-mines.
Un stylo pointe feutre à encre soluble à l'eau pour tracer sur le verre. Largeur du trait 0,2 mm.

* *Art Pen,* ** *Art Pen Graph,*
*** *Finograph* de *Rotring.*

ADHÉSIFS

Un rouleau de **ruban crépon adhésif** pour fixer le tissu ou le papier pendant les encollages à sec.

Un rouleau de **papier adhésif** pour border les biseaux. Coloris or mat, vergé blanc cassé, blanc. Rouleau de 100 m. Largeur 22 mm.

Adhésifs transfert et double face à pH neutre. Ne se rétractent pas après collage.

– *Gudy PLP :* support P.V.C., rouleaux de 10 m en 40 cm.

– *Gudy V :* support non tissé, rouleaux de 10 m en 9 mm et 19 mm. J'utilise le 19 mm pour les bandes à border les biseaux, et le 9 mm pour maintenir les superpositions de cartons.

POUR PEINDRE OU TEINTER BAGUETTES ET LAVIS

Pinceaux ou brosses en soie, **rouleau mousse** ou **éponge** naturelle.

Un pinceau à lavis. Pinceau mouilleur en petit-gris pur. Existe du n° 1 au n° 8. J'utilise surtout le n° 2.

Aquarelle extra-fine en tube ou demi-godet pour la peinture du lavis. J'utilise principalement le bleu de Prusse, bleu outremer, vert anglais, vert Véronèse, rouge écarlate, rouge vermillon, jaune citron, jaune de Naples ou jaune indien. Je fais des mélanges pour obtenir des teintes en harmonie avec le sujet.

Pigments purs en poudre et liants appropriés. Exemples : *Caparol,* gomme arabique...

PRODUITS À RETOUCHER

Pâte à dorer pour retouche et dorure des cadres. Existe en différents tons d'or ou argent.

Feutres à retoucher à bout biseauté ou rond.

Feutres spéciaux spécifiques pour le bois. Choisir des couleurs opaques très couvrantes, indélébiles après séchage.

ACCESSOIRES DE MAINTIEN

Des crampons à serrer les onglets pour maintenir les angles d'un cadre après collage.

Des équerres de renfort pour les angles de cadres. Fixation par pointes en acier.

Une pince à tendre les toiles.

Des tournettes en fer laitonné pour maintenir le dos d'un sous-verre, d'un pêle-mêle ou un dos gainé. Fixation par vis.

Des tournettes en fil d'acier spécial pour les châssis toilés, ou pour maintenir un sous-verre dans un cadre. 60 × 25 mm. Fixation par vis.

SYSTÈMES DE FIXATION

Nous utilisons essentiellement des anneaux Dés étriers ou ronds maintenus par un ruban de lin. Sachez qu'il existe d'autres systèmes de pose plus rapides ou pour encadrements lourds.

Des crochets à tableaux en acier laitonné avec aiguilles spéciales.

Des attaches triangulaires en acier laitonné avec pointes. Se fixent au talon de la baguette.

Des pitons en acier zingué à tige courte. Ils se fixent au montant de la feuillure d'un cadre ou au talon. Ils sont reliés par une **drisse (ou un cordeau) de nylon** spéciale suspension. Diamètre 2 ou 3 mm.

Des attaches Dés étriers avec patin en acier laitonné. Remplacent avantageusement les pitons pour la suspension d'encadrements importants. Elles se fixent au talon de la baguette par rivets ou vis laitonnés.

Câble galvanisé extra-souple, pour la suspension d'encadrements importants. Présentation en rouleau de 25 m. Le plus utilisé : 1 mm. Existe aussi en 1,5 mm, 2 mm, 2,5 mm.

Un tournevis, largeur 2 mm.

Une vrille laquée, diamètre : 2 mm, pour faire les avant-trous des vis.

FILMS DE RÉPARATION À pH NEUTRE

Filmoplast P 90. Papier spécial longues fibres opaque, extra-blanc, à surface satinée. Prise différée. Résiste au vieillissement. Existe en rouleau dévidoir de 50 m × 2 cm.

Filmoplast P. Papier Japon extra-fin, transparent à surface satinée. Prise différée. Résiste au vieillissement. Décollage possible par mouillage. Pour réparation invisible de tous documents déchirés. Existe en rouleau dévidoir de 50 m × 2 cm.

LES MATÉRIAUX

CARTES ET CARTONS

CARTE BULLE

Il existe deux sortes de carte bulle qui portent toutes les deux le même nom, sans avoir pour autant le même aspect :

Carte bulle satinée sur les deux faces ou carte lisse
Pour fixer l'image, choisir une carte de 415 à 490 g/m².
Pour confectionner caches, sous-cartes et biseaux français, une carte de 320 g/m².
Format le plus couramment utilisé : 50 × 65 cm.

Carte bulle non satinée
Pour fixer l'image, confectionner caches et sous-cartes de grands formats. Formats les plus utilisés : 60 × 80 cm et 80 × 120 cm.

CARTONS

Carton gris. C'est le carton le plus couramment employé pour le carton de fond. Son prix incite à le choisir, mais il a des défauts : il est sensible aux changements de température et son acidité fait qu'il faut l'isoler du sujet en intercalant un papier barrière (voir page 20).

Carton mi-bois. C'est un carton parfait comme carton de fond. Il existe même contrecollé kraft sur ses deux faces. Il réunit des qualités de solidité, rigidité et esthétique. Malheureusement, on ne le trouve pas chez tous les fournisseurs.

Carton bois. Son utilisation est multiple. Il sert de carton de fond, mais il est surtout utilisé pour la réalisation des biseaux.

Carton mousse ou Carton plume ®. Comme son nom l'évoque, c'est un carton ultra-léger et rigide. Facile à la coupe, il est composé d'une mousse rigide à base de polyuréthane recouverte sur ses deux faces de papier blanc. Par exemple, une feuille de 65 × 100 cm en 5 mm d'épaisseur ne pèse que 400 g.

Utilisé pour les collages d'affiches, de photos, les grands formats, les boîtages, il sera même apprécié des personnes coupant difficilement les biseaux dans le carton bois. Il sert de support dans certaines techniques, permet de très gros biseaux (15 mm) et des encadrements de grand format. Il nécessite des attaches spéciales à griffes.
Il existe aussi un Carton plume ® adhésif, et un Carton plume ® sans acide.

ÉPAISSEURS ET FORMATS

Appellations	Épaisseurs (en mm)	Formats (en cm)
Carton gris	20/10e - 25/10e - 30/10e pour tous les formats	50 × 70 56 × 76 76 × 106 60 × 80 80 × 120
Carton mi-bois	30/10e	50 × 70 56 × 76 60 × 80
Carton bois	20/10e 22/10e 30/10e 42/10e	60 × 80 - 80 × 120 100 × 150 60 × 80 60 × 80 - 80 × 120 100 × 135 60 × 80 - 80 × 120
Carton plume ®	3-5-10-15 mm	50 × 65 - 70 × 100 100 × 140
Carton plume ® adhésif	10 mm	50 × 65 100 × 140

LES CONTRECOLLÉS SUR CARTON

Les papiers et tissus contrecollés sur carton existent dans un choix infini de textures et dans un large éventail de coloris. Procurez-vous les échantillonneurs des fournisseurs.

Utilisez de préférence des contrecollés solides à la lumière, et adaptés aux techniques sèches et humides comme les tracés des filets et le lavis. J'utilise principalement les contrecollés 8/10e pour les caches en coupe droite et les contrecollés 15/10e pour les caches en coupe à 45° en biseau direct (voir page 75).

Pour border les biseaux et les souscartes, on trouve certains papiers de surface en feuille (non contrecollés sur carton, voir page 22), ce qui permet de beaux coordonnés.

Contrecollés *Beaux-Arts Canson Vergé Gallery*. Papier à vergeures prononcées, sur carton blanc sans acide. Particulièrement adapté au lavis. Ma préférence va en priorité au coloris crème (blanc cassé) idéal pour se marier avec gravures, dessins, aquarelles, lithographies, œuvres anciennes ou modernes. Si un jour vous hésitez sur le choix d'un coloris, prenez celui-là. Vous le trouverez aussi en blanc et bis.

Contrecollés *Beaux-Arts Ingres Vidalon Canson*. C'est un papier Ingres vergé, contrecollé sur carton blanc sans acide. Large palette de couleurs solides à la lumière. Je l'utilise surtout dans les coloris : rose muraille, bleu foncé, gris Trianon, gris ciel, gris chiné.

Contrecollés *Beaux-Arts Mi-teintes Canson*. Papier à grain prononcé uni ou chiné, contrecollé sur un carton blanc sans acide. Très large palette de couleurs très solides à la lumière.

Contrecollé *Ingres Fabriano*. Papier Ingres Cover sur carton mince. On l'utilise pour la confection de caches. Plus de quinze coloris.

***Fibcard*.** Toile contrecollée sur carton à âme blanche. L'épaisseur permet la coupe du biseau direct.

ÉPAISSEURS ET FORMATS DES CONTRECOLLÉS

Formats	Désignations
80 × 120 cm	*Vergé Gallery Canson 8/10e*
60 × 80 cm	*Vergé Gallery Canson 15/10e*
80 × 120 cm	*Vergé Gallery Canson 15/10e*
80 × 120 cm	*Ingres Vidalon Canson 8/10e*
60 × 80 cm	*Ingres Vidalon Canson 15/10e*
80 × 120 cm	*Ingres Vidalon Canson 15/10e*
60 × 80 cm	*Mi-teintes Canson 15/10e*
80 × 120 cm	*Mi-teintes Canson 15/10e*
70 × 100 cm	Contrecollé *Fabriano*
75 × 105 cm	*Fibcard*
80 × 120 cm	*Fibcard*

LES CARTONS HAUTE QUALITÉ DE CONSERVATION

Si vous vous donnez la peine d'encadrer un document, c'est que vous y tenez. Sachez que la plupart des papiers et cartons sont acides, ce qui fait qu'ils jaunissent à la longue. Plus grave encore, ils transmettent leur acidité au document en contact avec eux. Pour vous en convaincre, regardez des gravures encadrées du temps de nos grands-parents. Il existe aujourd'hui des gammes de cartons sans acide garantissant longue vie aux œuvres encadrées. On les connaît sous les appellations* : cartons *Museum, Conservation,* papier *barrière,* etc.

Ils sont caractérisés par les qualités suivantes :
– bonne tenue des couleurs à la lumière,
– blanc stable car sans azurant optique,
– à base de pâtes à papier de haute qualité (coton, bois de pin, de hêtre, de sapin),
– antifongiques (traités contre les moisissures et les champignons),
– à réserve alcaline, c'est-à-dire pouvant neutraliser toute introduction d'acides dans le temps.

Ils existent dans toutes les qualités et épaisseurs nécessaires à un encadrement.

Carton Museum 100% coton. Blanc naturel. Il sert de support à l'image et à la confection du cache. Existe en 6/10e, 12/10e et 18/10e. Formats 60 × 80 et 80 × 120 cm.

Carton Conservation 100% cellulose. Carton blanc naturel ou crème utilisé pour les caches et comme support. Existe en 6/10e, 12/10e, 18/10e, 24/10e et 30/10e. Formats 60 × 80, 80 × 120, et 100 × 140 cm.

Papier barrière. Papier mince blanc naturel pour pliages, charnières, restauration, intercalaires et pour isoler le sujet d'un carton acide. 80 g/m², formats 60 × 80, 80 × 120 cm, et 1,20 × 40 m.

Buvard neutre. Excellente qualité d'absorption. Idéal pour les procédés de restauration humides (lavage d'estampes). 250 et 400 g/m².

* Label H.Q.C.

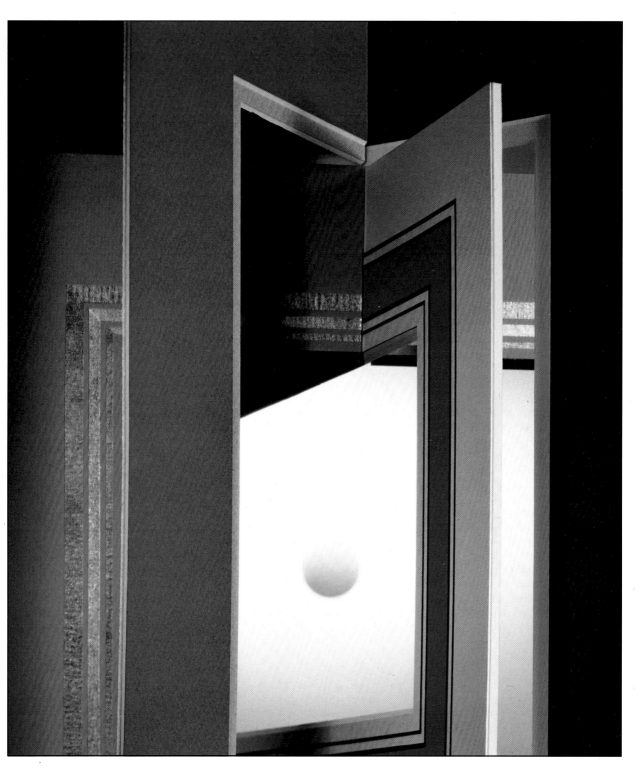

Passe-partout avec des contre-collés Beaux-Arts Canson.

TOILES ET PAPIERS D'HABILLAGE

PAPIERS DIVERS

Papiers unis ou fantaisie, marbrés, ombrés, chinés, multicolores, papier bois naturel ou teinté... Papiers à la cuve et décorés à la main, magnifiques papiers reliure... Ces papiers personnaliseront caches, passe-partout, fenêtres.

En voici quelques-uns, mais vous en découvrirez beaucoup d'autres.

Utilisez les nuanciers des fabricants, des échantillons de couleurs. Ils seront des références lors d'un réapprovisionnement.

Demandez à votre marchand de papiers peints de garder ses catalogues d'échantillons ; ils sont jetés deux fois par an. Certains sont magnifiques. Les fleurs, les rayures coordonnées, etc. vous permettront de réaliser des encadrements et des boîtes montées qui émerveilleront vos enfants.

Kraft doré ou argent. Papier doré à la feuille de cuivre. Très belle qualité. Vous l'utiliserez pour border les biseaux, découper les filets des lavis, personnaliser un cache.

Papier métallisé or ou argent. Même utilisation que le kraft doré. Existe en différents tons : uni, vif, chaud, vieilli, cuivré, marbré, etc.

Papier *Mi-teintes Canson.* Papier à dessin à grain, uni ou chiné, à haute teneur en chiffon. Très bonne tenue des couleurs à la lumière. Il permet les techniques sèches ou humides. Ce papier se trouve aussi en contre-collé Beaux-Arts (voir page 20), ce qui permet des superpositions de sous-cartes assorties au cache. 160 g/m². Formats 50 × 65, 55 × 75 et 75 × 110 cm, et 1,50 m × 10 m.

Ingres Vidalon Canson. Papier à dessin vergé, uni ou chiné, à haute teneur en chiffon. Très bonne tenue des couleurs à la lumière. Plus mince que le papier Mi-teintes, il permet de border les biseaux. Ses teintes sont celles de la gamme contrecollés Beaux-Arts, ce qui permet de très beaux coordonnés pour les caches et biseaux. 100 g/m². Format 50 × 65 cm.

Vergé Gallery Canson. Papier à vergeures prononcées. Mêmes teintes que les contrecollés Beaux-Arts. 140 g/m². Format 80 × 120 cm.

Les papiers bois. A base de bambou, ils se laissent cirer et teinter. Ils sont assez fins pour recouvrir caches et biseaux.

FORMATS

Les formats normalisés s'imposent de plus en plus. Néanmoins certains cartons et certains papiers, en particulier les papiers dessin Beaux-Arts et papiers de luxe, très utilisés dans l'encadrement, sont toujours fabriqués dans les formats traditionnels.

Voici les principaux. Les dimensions des formats traditionnels peuvent légèrement varier. Les plus utilisés sont en caractère gras. Connaître ces formats vous permettra de prévoir des plans de coupe avec un minimum de chute.

Formats traditionnels (en centimètres)
Pot = 31 × 40
Tellière = 32 × 44
Couronne = 37 × 47
Ecu = 40 × 53
Coquille = 44 × 56
Carré = 45 × 57
Raisin = 50 × 65
Jésus = 56 × 76
Double carré = 56 × 90
Soleil = 60 × 80
Colombier = 63 × 90

Double raisin = 65 × 100
Petit aigle = 70 × 94
Grand couronne = 74 × 94
Grand aigle = 75 × 105
Double Jésus = 76 × 112
Double soleil = 80 × 120
Grand monde = 90 × 120

Formats normalisés (en millimètres)
A0 = 841 × 1 189
A1 = 594 × 841
A2 = 420 × 594
A3 = 297 × 420
A4 = 210 × 297
A5 = 148 × 210
A6 = 105 × 148
B0 = 1 000 × 1 414
B1 = 707 × 1 000
B2 = 500 × 707
B3 = 353 × 500
B4 = 250 × 353
B5 = 176 × 250
B6 = 125 × 176
C0 = 917 × 1 297
C1 = 648 × 917
C2 = 458 × 648
C3 = 324 × 458
C4 = 229 × 324
C5 = 162 × 229
C6 = 114 × 162

TOILES CONTRECOLLÉES SUR PAPIER FIN

Arc-en-ciel de couleurs, haute couture de l'encadrement. Contrecollées sur papier, prêtes à l'emploi, ces toiles habillent précieusement le cache, les biseaux, les filets des sous-cartes. On les trouve en rouleaux.

Texlifil. Coton contrecollé sur papier. Laize 98/100 cm.
G T I (+). Coton contrecollé sur papier. Laize 132/134 cm.
Relmafil. Fibranne contrecollée sur papier. Laize 98/100 cm.
Map. Toile contrecollée sur papier.
Relon. Fibranne contrecollée sur papier. Laize 101 cm.
Toile du Marais. Coton contrecollé sur papier. Laize 100 cm.

CADRES ET BAGUETTES

21. **LOUIS XIII.**
Pommes de pin - Doré patiné
Décapé.
100 mm.

19. **DÉTALONNÉ LOUIS XIV.**
Patiné doré.
80 mm.

2. **LOUIS XV SIMPLE.**
Doré usé - Doré usé grain d'orge -
Patiné - Chêne.
30, 40, 50, 60 et 80 mm.

3. **GENRE RÉGENCE.**
Doré usé - Doré usé grains d'orge -
Patiné H beige et or.
70 et 80 mm.

33. **LOUIS XVI.**
Rais-de-cœur et perles - Doré usé
patiné.
50 et 70 mm.

34. **LOUIS XVI.**
Rubans et perles - Doré usé.
40, 50 et 70 mm.

28. **RENVERSÉ MODERNE.**
Patiné H beige et or.
80 mm.

24. **FLORENTIN.**
Doré patiné.
100 mm.

Extrait du catalogue de la Baguette de Bois.

Trois mots sur l'histoire de l'encadrement. Quand on peignait seulement sur bois, l'artiste peintre réservait sur son panneau une bande périphérique qui était sculptée et travaillée ultérieurement par un ébéniste doreur. L'ensemble, peinture et cadre, ne faisait qu'un bloc. Souvent on retrouve et la signature de l'artiste peintre et celle de l'artiste sculpteur. Avec la peinture sur toile, les gravures, les aquarelles sur papier, il fallait trouver une autre technique : la fabrication « des baguettes » commença en Belgique vers 1850, en France vers 1860. Très artisanale au départ, elle se développa industriellement vers 1900-1920.

DES STYLES, DES MODES

L'encadrement n'a ni lois, ni règles, mais des bases précises et des modes. L'impératrice Joséphine suggéra ainsi les fameux lavis qui entourent et ornent toujours les dessins et les gravures (voir page 67). De nos jours, le style de l'encadrement change en s'adaptant à l'environnement où il va trouver place. N'oubliez jamais cependant qu'un cadre, simple ou richement ouvragé, doit d'abord mettre en valeur le document qu'il entoure. Le cadre doit être une sorte d'écrin, il doit servir et faire aimer l'œuvre d'un artiste. Son art est de sublimer, de se faire discret et présent tout à la fois.

Un sujet à caractère d'époque doit être entouré d'un cadre en harmonie avec l'œuvre. Comment imaginer Louis XV dans un cadre Empire ? Mais des tableaux impressionnistes peuvent être mis en valeur dans des cadres aussi bien Renaissance que Louis XIII, Louis XIV, Louis XV, Louis XVI ou Empire, suivant le décor où ils seront placés.

LES BOIS DONT ON FAIT LES CADRES ET LES BAGUETTES

Les cadres et les baguettes sont fabriqués dans des bois de toutes les essences : chêne, noyer, tilleul, poirier, acajou, palissandre, ébène, citronnier, sycomore, pitchpin, jonc, érable, loupe d'orme, loupe de peuplier et autres bois.

Le bois peut être laissé brut ou recouvert d'un enduit, ou d'un plâtre spécial, avant d'être doré, patiné, laqué, verni mat ou brillant, recouvert d'alu ou de peinture.

Les tons peuvent être pastel, foncés ou clairs, mouchetés, dégradés. Certains imitent à s'y méprendre le marbre, l'écaille ou les bois précieux. Parmi le choix immense proposé chez vos fournisseurs, vous privilégierez l'incomparable loupe d'orme. Elle va avec tout : gravures, aquarelles, dessins, photos, miroirs, etc. Les baguettes existent en 2 m, 2,20 m ou 3 m de long.

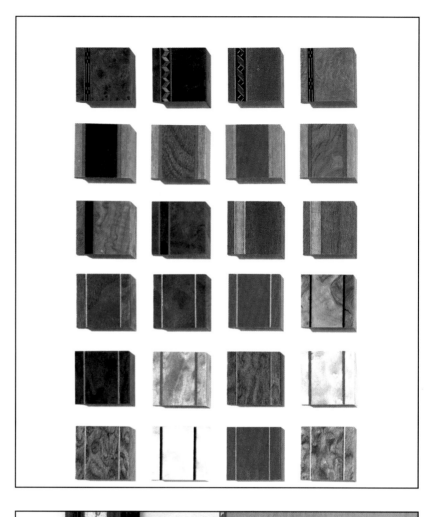

En haut. Echantillons de baguettes. Catalogue et photo Texlibris S.A.

En bas. Coin d'un cadre en pente vers l'extérieur.

Page 25. Baguettes en marqueterie véritable fabriquées par Natalini et distribuées en France par Texlibris S.A.

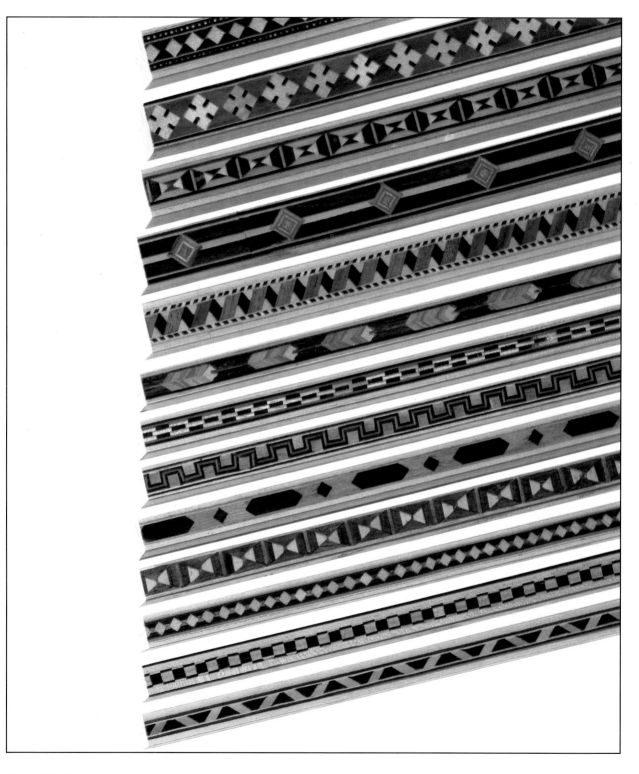

Photo Texlibris.

LES CADRES

Le cadre peut prendre différentes formes et il convient de choisir la plus adaptée au document.

– Plat, arrondi, mouluré, il convient aux aquarelles, dessins, gouaches, natures mortes, etc.

– En pente vers l'intérieur, il augmente la perspective et convient aux paysages, marines, scènes d'intérieur.

– En pente vers l'extérieur, il convient aux sujets qui ont intérêt à être exposés au premier plan.

Les dimensions des cadres vendus dans le commerce correspondent aux normes françaises des châssis de tableaux. (Données en centimètres).

N°	FIGURE	PAYSAGE	MARINE
0	18 × 14	18 × 12	18 × 10
1	22 × 16	22 × 14	22 × 12
2	24 × 19	24 × 16	24 × 14
3	27 × 22	27 × 19	27 × 16
4	33 × 24	33 × 22	33 × 19
5	35 × 27	35 × 24	35 × 22
6	41 × 33	41 × 27	41 × 24
8	46 × 38	46 × 33	46 × 27
10	55 × 46	55 × 38	55 × 33
12	61 × 50	61 × 46	61 × 38
15	65 × 54	65 × 50	65 × 46
20	73 × 60	73 × 54	73 × 50
25	81 × 65	81 × 60	81 × 54
30	92 × 73	92 × 65	92 × 60
40	100 × 81	100 × 73	100 × 65
50	116 × 89	116 × 81	116 × 73
60	130 × 97	130 × 89	130 × 81
80	146 × 114	146 × 97	146 × 89
100	162 × 130	162 × 114	162 × 97
120	195 × 130	195 × 114	195 × 97

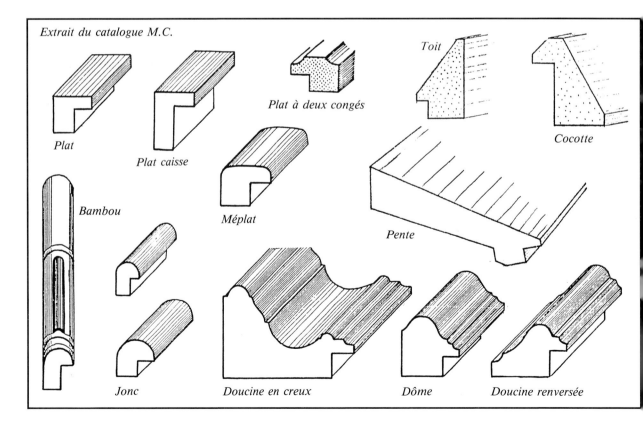

Extrait du catalogue M.C.

Plat

Plat caisse

Plat à deux congés

Toit

Cocotte

Bambou

Méplat

Pente

Jonc

Doucine en creux

Dôme

Doucine renversée

Les cadres sculptés à la main sont du domaine des ébénistes sculpteurs, ils réalisent des chefs-d'œuvre. Dans le commerce, vous trouverez de magnifiques copies d'anciens.
Toutes les compositions sont possibles : feuilles, nœuds de ruban, guirlandes de fleurs, perles, etc. Ces cadres sont généralement dorés à la feuille d'or, d'argent ou de cuivre. Procurez-vous les catalogues des fabricants.

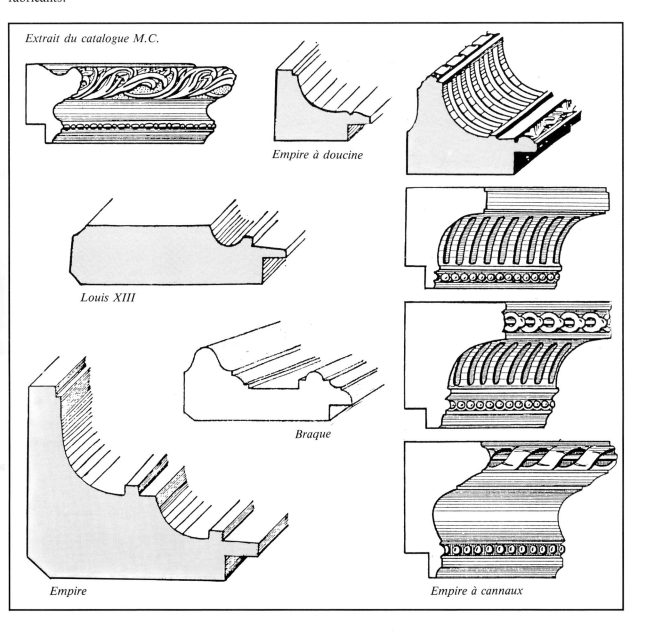

Extrait du catalogue M.C.

Empire à doucine

Louis XIII

Braque

Empire

Empire à cannaux

LE SUJET: PRÉCAUTIONS À PRENDRE

Tout peut être encadré pour le plaisir des yeux : lithographies, estampes, eaux-fortes, gravures, reproductions, affiches et posters, aquarelles, gouaches, pastels, petits objets, papillons, insectes, éventails, médailles, pièces de monnaie, broderie, coiffes, montres, etc. Ils seront ainsi protégés des intempéries, des poussières, des chocs. Et bien mis en valeur, ils vous surprendront.

L'encadrement est une affaire de goût et n'obéit à aucune règle formelle. C'est à vous de voir, de choisir les proportions, les matières, les couleurs en harmonie avec le sujet et la pièce où l'encadrement sera accroché.

Malgré tout, certaines erreurs sont à éviter. Nous y reviendrons au fil de l'ouvrage.

Ne jamais couper les marges des gravures : elles perdraient 50% de leur valeur ; il est même déconseillé de les replier. Les marges des reproductions peuvent être coupées si elles dépassent la surface des marges prévues pour le cache.

Ne jamais coller en plein une gravure, une litho, une affiche : elles perdraient 50% de leur valeur. Mais si elles sont gondolées, on peut les remettre à plat, à condition que le papier soit assez résistant.

Ne pas dévaloriser l'œuvre par trop de couleurs. Les belles choses s'encadrent simplement, avec une belle moulure et un cache uni.

Laisser les œuvres de très grande valeur telles quelles. Utiliser uniquement des cartons, des papiers et des colles sans acide. (Voir page 12 et 30).

Si vous stockez plusieurs œuvres, notamment des dessins originaux (pastel, fusain ou crayon), pour éviter le frottement, intercaler des feuilles de papier barrière sans acide.

Pour une œuvre originale particulièrement **ancienne ou fragile** (aquarelle, dessin au crayon, huile sur papier, etc.) on peut exceptionnellement pratiquer l'encollage en plein pour plus de solidité. Utiliser une colle et un carton sans acide.

Pour fixer des photos, employer l'encollage à sec, jamais de colle.

Ne pas fermer hermétiquement le paquet d'une œuvre de valeur. On doit laisser un vide aux angles en collant les bandes de papier kraft. Ensuite, avec une épingle, perforer la bande sur différents endroits de sa largeur pour mieux permettre à l'œuvre de respirer.

Il est toujours préférable de tendre **gravures, aquarelles ou lithos.** (Voir page 42).

Pour un dessin au pastel, au fusain, au crayon gras, à la craie, etc., le verre doit être isolé du sujet par une hausse.

Une peinture à l'huile est encadrée sans verre.

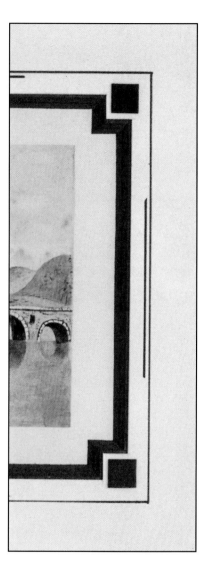

*Dessin sépia (reproduction).
Biseaux originaux peints directement
au brou de noix, comme les carrés
de carton soulignant les angles de la
fenêtre et du cadre. Filets tracés au
tire-ligne sur un contrecollé vergé
repeint à la gouache. Fond de cadre
peint plus foncé.
Baguette Louis XVI à cannaux
vieillie au brou de noix.*

GARANTIE DES ŒUVRES

Si vous ne voulez pas avoir la mauvaise surprise de voir apparaître dans quelques années des taches brunâtres, des champignons sur le papier de vos gravures, entourez-les de précaution. Un bijou, on le protège par un écrin. Une gravure de valeur doit être traitée impérativement avec autant de respect en employant des cartons sans acide. A mon avis, si vous vous donnez le mal d'encadrer quelqu'œuvre que ce soit, de prix ou simplement de valeur sentimentale, votre idée est de la garder en parfait état de conservation.

Pratiquez donc comme pour une œuvre d'art, sans regretter la mise de fond plus élevée, mais qui vous en garantit la bonne conservation pour l'avenir.

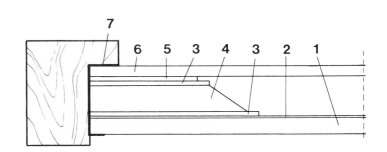

COMPOSITION D'UN PAQUET SANS ACIDE*

1. Carton de fond : carton *Conservation* doublé kraft 20/10e.
2. Support de l'image : carton *Conservation*, 6/10e ou 12/10e. Fixer l'image avec des charnières papier et de la colle neutre**, ou papier Japon adhésif*** sans acidité. Voir page 48.
3. Sous-cartes : carton *Museum* ou *Conservation* en 6/10e.
4. Carton à biseau : carton *Conservation* en 30/10e.
5. Cache : contrecollé sans acide en 8/10e ou 15/10e.

Fixer les cartons entre eux avec quelques touches de colle à pH neutre.
6. Verre.
7. Bordure de papier kraft.

* Les papiers et cartons présentés sous le label H.Q.C. sont garantis sans acide (voir page 20).
** Colle Stouls.
*** Filmoplast P.

REMISE EN VALEUR DES GRAVURES

Les gravures anciennes ont souvent besoin d'être nettoyées, dépoussiérées. Ne prenez vous-même en charge que des gravures sans valeur. Confiez impérativement les œuvres de valeur à un spécialiste.

DÉPOUSSIÉRAGE D'UNE GRAVURE

Saupoudrez la gravure de gomme* en poudre. Avec la main, faites rouler les copeaux avec précaution, directement sur la gravure. Procédez par mouvements circulaires sur toute la surface.
Récupérez cette poudre, elle est utilisable longtemps.

Cette gomme existe en sachet de coton. Frottez la gravure avec le sachet. Lorsqu'il est trop gris, il est nécessaire de le changer.

Remarques
La poudre seule permet un nettoyage plus régulier.
Si la gravure présente des taches de graisse, utilisez de la terre de Sommières.
Pour de petits nettoyages, utilisez de la gomme savon**.

* Gomme en poudre *Art et Conservation*.
** *Artgum* (Dalbe).

DÉFROISSAGE D'UNE GRAVURE

Les papiers souffrent des changements de climat, de la sécheresse ou de l'humidité excessive. Elles ont besoin, dans certains cas, d'être défroissées. Attention : il ne faut jamais repasser une gravure, mais l'humidifier et la mettre sous presse. Je vous propose plusieurs possibilités.

1. Avec une éponge humide, mouiller légèrement l'envers du papier. Prendre soin de ne pas traîner l'éponge sur la feuille, mais plutôt de la tamponner. Entre deux buvards blancs, mettre la gravure sous presse.

2. Avec une éponge, humidifier l'envers de la gravure. Utiliser une colle neutre*. Encoller sur 1 à 2 mm le verso de la gravure, et la fixer définitivement sur un carton plus épais qu'une carte bulle (15/10e par exemple). S'assurer de la netteté de l'encollage avant de mettre sous presse entre deux buvards blancs.

3. Humidifier le verso de la gravure, et la poser sur un carton un peu plus grand. Bien aplanir. Chasser l'air de haut en bas.
Encoller des bandes de papier kraft et les appliquer sur les quatre côtés en les faisant chevaucher la gravure sur 2 mm côté recto. Poser d'abord une bande sur le bord supérieur, puis inférieur. Ensuite, chasser l'air en partant du centre vers les côtés. Poser les deux dernières bandes.
Mettre sous presse entre des buvards blancs très absorbants, utilisés pour la restauration de documents graphiques. Quelques heures après, la gravure sera parfaitement tendue.

* Colles recommandées pour les gravures de valeur : colle de pâte, colle d'amidon *Stouls Ami 100* – pH 8, ou colle Tylose.

BLANCHIMENT D'UNE GRAVURE

Surtout ne jouez pas aux apprentis sorciers, et laissez plutôt aux spécialistes expérimentés, qui ont des années de savoir-faire, le soin de sauver vos gravures de prix. Je vous déconseille fortement de le faire vous-même.
Les procédés de blanchiment sont fonction des problèmes précis à résoudre. Chaque gravure pose un problème spécifique, une erreur peut être irréversible, et votre essai se transformera en catastrophe. Il ne faut pas baigner des gravures coloriées à la main, ni les aquarelles, les pastels ou les fusains. Vous risquez de voir « les chines collés ou appliqués » se dédoubler... les couleurs de vos gravures disparaître... une signature devenir illisible...
Mais bien sûr, s'il ne s'agit que de gravures « sans valeur », amusez-vous avec les recettes suivantes.
Le premier nettoyage peut être un gommage, un dépoussiérage. Un simple bain d'eau claire permet souvent de faire disparaître les taches d'humidité.
Pour tremper la gravure, un bac de photographe peut suffire. Sa hauteur sera d'environ 10 cm, ses dimensions plus importantes que la feuille à blanchir. Il sera placé à côté d'un évier pour faciliter le rinçage. Fabriquez un cadre de flottaison, une simple feuille de plastique peut convenir, elle doit être parsemée de petits trous pour laisser l'eau s'infiltrer.

Premier bain au chlore (eau de Javel 12°)
Utilisez de l'eau de Javel en bouteille. Surtout pas de berlingots qui sont de moins bonne qualité.

Dosage : 2 à 4% de chlore par litre d'eau, soit 0,2 à 0,4 g ou 1 cuiller à café de chlore par litre d'eau. Mélangez bien eau et chlore. Placez dans le bac support et gravure, le tout recouvert de liquide.

Contrôlez le blanchiment avec beaucoup d'attention, ne dépassez pas 15 mn.

Premier rinçage
Lorsque le résultat est obtenu, rincez à l'eau additionnée d'hyposulfite de soude (antichlore). Vous trouverez ce produit dans les pharmacies, grands magasins, laboratoires photo. Ce bain neutralisera le chlore du bain précédent.

Dosage : 100 g d'hyposulfite de soude par litre d'eau froide. Laissez tremper 10 mn.

Rinçage à l'eau courante
Inclinez la bassine, un filet d'eau doit couler lentement pendant environ 2 h 30 à 3 h. Placez le document sous presse entre deux buvards blancs épais, puis entre des cartons bois et des planches. La charge des poids doit être bien répartie. Cette mise sous presse peut durer plusieurs jours. Changer les buvards deux à trois fois les premiers jours. La gravure doit être parfaitement sèche.

RENFORCER LE PAPIER

La colle neutre Tylose permet de renforcer, de nourrir le papier s'il s'est amolli ou fragilisé avec le blanchiment. Sans hésiter, avec un pinceau, enduire uniformément la surface totale du papier, côté verso. Poser sur un carton neutre. Mettre sous presse.
Le côté recto peut être également renforcé, la colle laissera un film de protection. Attendre que la colle sèche avant de mettre sous presse.

GRAVURES PIQUÉES

Dans certaines conditions d'humidité, il se forme sur les gravures des piqûres, le plus souvent ce sont des champignons microscopiques. Ils attaquent le papier, et risquent de contaminer tous les autres papiers. Une telle gravure doit être isolée et traitée par des spécialistes.

VIEILLISSEMENT D'UNE GRAVURE

Pour vieillir une gravure, utiliser de la terre pourrie*. C'est une poudre très fine. Elle donne vraiment un aspect ancien au papier. Dans un saupoudreur, mélanger cette poudre avec une ou deux pincées de talc. (Le talc a pour effet de retenir la terre sur le papier.)
Saupoudrer très légèrement, faire tomber l'excédent. Effleurer la surface pour unifier la teinte.
Procéder de même pour vieillir une photo, un document.

Remarque. Si vous ne trouvez pas cette terre un peu grisâtre, utilisez de la terre de Sienne.

*Gravure vieillie à la terre pourrie.
Biseau à sous-carte extérieure
(voir page 82).
Le cache et le biseau sont habillés
d'un tissu rouille.
La sous-carte est noire.
Baguette Renaissance, bord doré,
creux noir.*

32

DÉCOUPE DES CARTONS

La coupe des cartons exige la station debout. La règle doit être maintenue fermement au bord du tracé pendant la coupe : il est difficile de maintenir une grande règle, si elle ne repose pas entièrement sur le carton. Pour rétablir son équilibre, glissez une chute de carton à son extrémité. La main gauche retient l'ensemble, le pouce, l'index et le majeur appuyés fermement sur la règle. L'idéal est de fixer la règle par un ou deux serre-joints, vous économiserez vos forces, et vous réussirez une coupe parfaite.

Si vous n'avez pas de serre-joints, évitez à la règle de déraper en collant dessous une bande de crêpe adhésif ou une fine bande de liège.

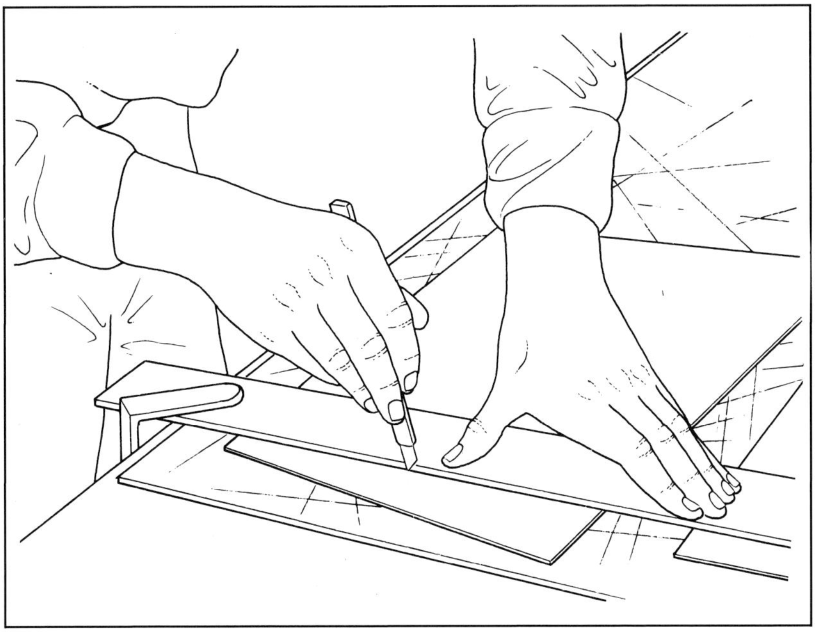

N'essayez pas de couper l'épaisseur du carton en une seule fois. La coupe sera plus nette si vous repassez plusieurs fois régulièrement et progressivement le cutter le long de la règle. On coupe plus facilement en se mettant de biais et en tirant le cutter dans le sens de la coupe.

Pour ne pas dévier, le premier passage de la lame doit se faire en douceur. Tenez le cutter sans raideur. Tirez-le vers vous, en suivant le tracé. La coupe s'engage progressivement.

L'ÉQUERRAGE

L'équerrage est très important, il est à la base de la réussite de vos encadrements, tous les cartons doivent être coupés parfaitement d'équerre. Exercez-vous plusieurs fois avec diverses qualités de papier et de carton.

Quand vous avez plusieurs cartons à couper d'équerre, commencez par équerrer la carte bulle, plus facile à couper. Elle vous servira de gabarit pour les autres.

Reportez-vous ci-contre pour le maniement du cutter et de la règle lourde. Vous aurez besoin aussi d'un réglet et d'une équerre.

Si le carton présente un angle droit juste, servez-vous-en comme angle X (étape **3**, page 34).

Ni la règle, ni l'équerre ne changent de côté, c'est le carton qui tourne dans le sens des aiguilles d'une montre. Les chutes tombent à droite de la règle. C'est l'inverse pour les gauchers.

ÉQUERRAGE D'UN CARTON

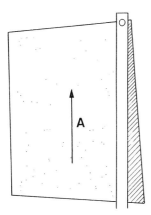

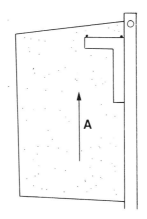

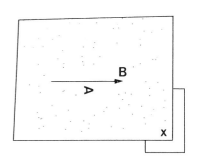

1. Placez le carton à couper sur le plan de travail. Tracez en son centre une flèche comme l'aiguille d'une montre indiquant midi. Côté droit, posez la règle lourde parallèlement à la flèche, près de la tranche du carton. Le pouce et l'index de la main gauche maintiennent fermement la règle, le carton ne doit pas bouger. Avec le cutter tenu par la main droite, longez étroitement la règle en prenant soin de ne pas pencher la lame, ni à droite ni à gauche. Quelle que soit l'épaisseur du carton, passez le cutter plusieurs fois. Baptisez A cette première coupe.

2. Adossez la tranche A du carton contre la règle lourde et posez l'équerre sur le carton, elle aussi contre la règle lourde, et près du bord supérieur du carton. A l'aide du poinçon ou de la pointe du cutter, piquez deux points repères bien dans l'alignement de la tête de l'équerre.

4. Pour s'assurer de l'exactitude de l'équerrage, emboîtez l'angle X dans l'angle de l'équerre, il ne doit exister aucun vide entre le carton et l'équerre, pas même l'espace d'un cheveu ! Si c'est raté, n'insistez pas, recommencez. Un équerrage doit être parfaitement réussi.

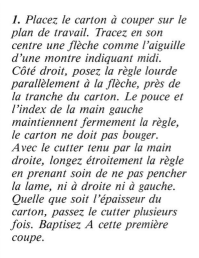

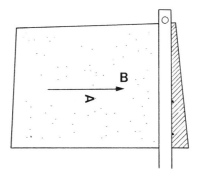

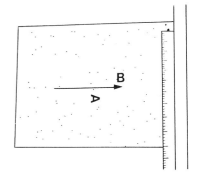

3. Dégagez règle et équerre, tournez le carton d'un quart de tour dans le sens des aiguilles d'une montre : la flèche indique 3 h. Posez la règle lourde sur le carton, face aux repères, et coupez ce deuxième côté que vous baptiserez B. Marquez cet angle d'un X.

5. Adossez la tranche B du carton contre la règle lourde. Posez le réglet sur le carton, contre la règle lourde, recherchez la mesure (ici 30 cm). A la tête du réglet, piquez un point repère à l'aide du poinçon.

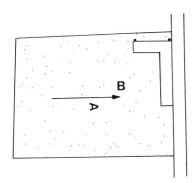

6. *Dégagez le réglet, adossez l'équerre à hauteur du repère et piquez un second point repère dans l'alignement du premier.*

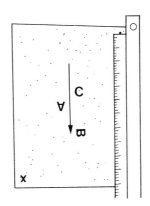

8. *Adossez la tranche C du carton contre la règle lourde, posez le réglet dessus, contre la règle lourde. Recherchez la mesure (ici 40 cm). A la tête du réglet, piquez un point repère.*

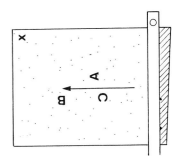

10. *Dégagez règle et équerre, tournez le carton d'un quart de tour, la flèche indique 9 h. Posez la règle lourde sur le carton face aux repères, coupez ce quatrième côté que vous baptisez D. Assurez-vous de l'équerrage des deux derniers angles.*

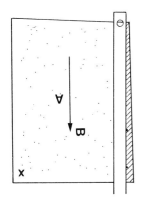

7. *Dégagez règle et équerre. Tournez le carton d'un quart de tour : la flèche indique 6 h. Posez la règle lourde sur le carton face aux repères, et coupez ce troisième côté que vous baptisez C. Assurez-vous de l'équerrage de ce deuxième angle droit comme en 4.*

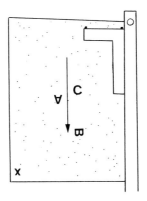

9. *Dégagez le réglet, adossez l'équerre à hauteur du repère et piquez un second repère dans l'alignement du premier.*

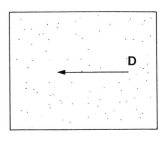

11. *Vous avez obtenu un carton parfaitement d'équerre, aux mesures de 40 × 30 cm.*

IMPORTANCE
DES POINTS DE REPÈRE

Une fois les différents cartons coupés aux dimensions désirées pour le paquet (voir page 47), prenez soin de les **numéroter** dans l'ordre où ils doivent venir (1. carton de fond, 2. carte bulle, 3.4.5. cartons des caches, sous-cartes, biseau, etc.). Marquez **le recto et le verso** de chaque carton.

Marquez un certain nombre **de croix repères** dans l'angle supérieur droit au recto de chaque carton, sauf sur celui venant sur le dessus du paquet : 1 croix sur le premier carton, 2 sur le 2e, 3 sur le 3e, etc. Marquez les mêmes croix dans l'angle supérieur gauche, au verso du carton devant se superposer : (1 croix sur le 2e carton, 2 croix sur le 3e, 4 sur le 4e, etc.). Il est important de marquer le même nombre de croix sur les angles devant se retrouver vis-à-vis.

Pour les cartons comportant des ouvertures, marquez également des **lettres repères** : A1 au centre / A2 à l'angle droit supérieur (cache) ; B1 au centre / B2 à l'angle droit supérieur (biseau), C1 au centre/ C2 à l'angle droit supérieur (sous-carte), etc.

Un dernier **trait repère** coupera un côté de la fenêtre d'un carton à biseau. Il permettra de replacer B1 sur B2 sans inversion. Vous pouvez faire de même pour chaque fenêtre. Ce travail de repérage peut vous sembler fastidieux : il vous évitera bien des erreurs.

Les cartons d'un biseau à sous-cartes extérieure et intérieure (p. 83)

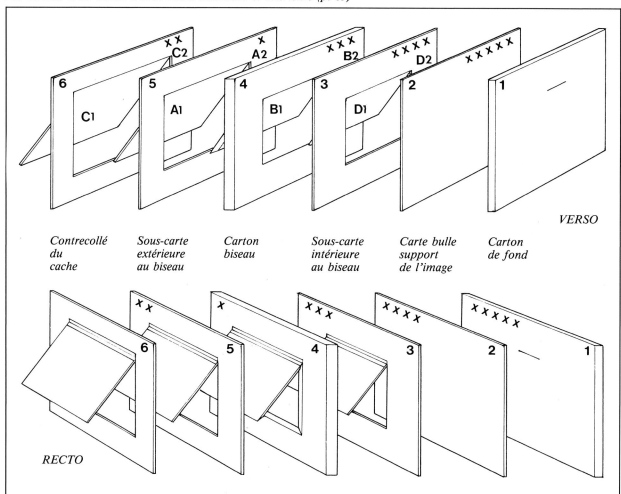

MAQUETTE

Avant de réaliser un encadrement, commencez par monter une maquette comportant tous les repères dont nous venons de parler. Dans les différents chapitres, nous vous proposons des mesures pour réaliser ces prototypes. Notez dessus tous les détails importants (coupe au-delà du tracé, sens d'un biseau, etc.).

Pour la plupart des techniques expliquées dans cet ouvrage, nous vous proposons un croquis en coupe du paquet montrant les différents éléments superposés. Utilisez-en les numéros et les lettres pour repérer vos cartons. Une lettre en gras (exemple : B1/**B2**) indique l'élément (ici **B2**) entrant dans le paquet (B1 sera ôté).

N'oubliez pas de marquer le recto et le verso de chaque carton, les croix repères permettant de retrouver l'ordre des superpositions, et de barrer d'un trait franc un côté de chaque fenêtre, comme il est expliqué ci-contre.

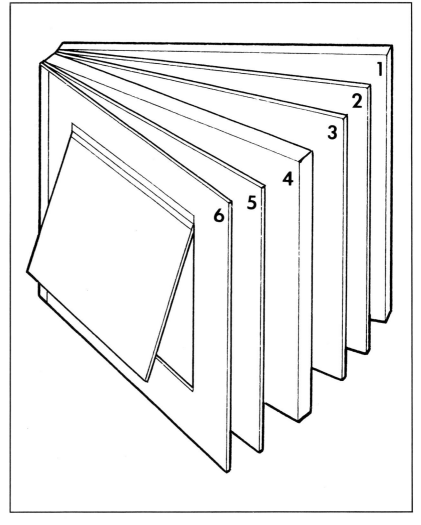

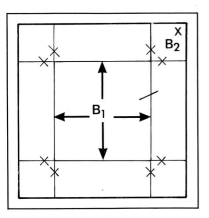

Puis « reliez » ces maquettes comme des livres d'images avec des bandes de kraft gommé collées à gauche des cartons. De même fixez les cartons intérieurs des fenêtres avec du ruban adhésif translucide.

Vous aurez ainsi de précieux aide-mémoire qui vous aideront tout au long de votre vie d'encadreur amateur.

ENCOLLAGES HABILLAGES

ENCOLLAGES

Pour habiller caches et sous-caches ou border un biseau avec des papiers et des tissus de votre choix, il faudra les encoller vous-mêmes. Plusieurs méthodes s'offrent à vous : encollage direct ou indirect, encollage au glacis, encollage à sec.

Encollage direct.

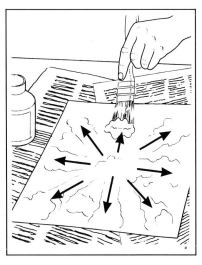

ENCOLLAGE DIRECT

Plan de travail : macules de papier journal ou autres feuilles.
Fournitures : colle d'amidon ou colle blanche, pinceau, chiffon.
L'encollage direct consiste à enduire directement la feuille à encoller avec un pinceau.
Placez la feuille sur une macule de format plus important. Pour étendre uniformément une mince couche de colle, évitez de surcharger le pinceau. Si la couche est fine, le papier ne se distendra pas.
Du bout des doigts de la main gauche, retenez fermement la feuille et, de la droite, encollez à partir du centre en rayonnant au-delà des bords de la feuille à encoller.
Maintenez du bout des doigts la partie déjà enduite, pour encoller l'autre partie. Si la feuille a tendance à se redresser, c'est qu'elle n'est pas suffisamment imprégnée. Habillez la surface à recouvrir et mettez sous presse.

ENCOLLAGE INDIRECT

L'encollage indirect est le procédé inverse. Il consiste à enduire uniquement le plan de travail. C'est la pièce à encoller qu'on applique sur la colle pour qu'elle s'en imprègne. L'encollage indirect est idéal pour les collages délicats – un papier découpé, les bandes pour border les biseaux.
Plan de travail : l'idéal est une plaque de verre, à défaut un carton fort ou une plaque de zinc.

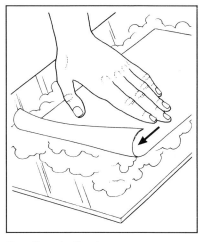

Encollage indirect.

Fournitures : colle d'amidon ou colle blanche, pinceau.
Avec un pinceau, allongez uniformément une fine couche de colle sur une surface plus importante que la pièce à encoller.
Avec précaution, appliquez la pièce à encoller contre la colle. Avec la paume de la main, unifiez la surface pour qu'elle s'en imprègne.
Ensuite, la pièce peut être soulevée par un angle. Elle doit emporter avec elle la fine couche de colle. Sinon, reposez-la une deuxième fois pour mieux emporter la colle.
Procédez à l'habillage du carton. Frottez légèrement toute la surface pour faire adhérer. Mettez sous presse.
Encollage d'une bande de bordure.
Procédez en deux temps, par demi-longueur. Il est nécessaire de tenir compte du sens d'allongement du papier (page 40) ou du tissu.

ENCOLLAGE AU GLACIS

Le glacis est une mince couche de colle. Cette première couche, en séchant sur le tissu, forme un film protecteur qui l'imperméabilise. Il permet de préparer des matières fragiles ou du velours, qui habillent caches, médailles, etc.

Fournitures : colle blanche épaisse, pinceau.

Plan de travail : plaque de verre.

L'encollage au glacis se pratique au départ exactement comme l'encollage indirect.

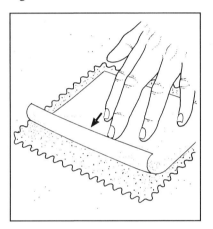

Au moyen d'un pinceau, allongez uniformément une fine couche de colle sur une surface plus importante que la pièce à encoller. Laissez la colle reposer quelques secondes avant de contrôler la prise. Sa consistance doit être telle qu'en appuyant le doigt elle adhère légèrement. Lorsque vous obtenez cette consistance, appliquez l'envers du tissu sur la colle pour qu'il s'en imprègne légèrement. Frottez superficiellement sur toute la surface dans un mouvement de va-et-vient. Soulevez légèrement un coin pour vérifier que le tissu emporte bien la colle. Procédez de même pour toute la surface du tissu, laissez sécher afin d'obtenir le glacis. Ensuite, le tissu ainsi imperméabilisé sera fixé sur un biseau ou un cache préalablement encollés.

ENCOLLAGE À SEC

Les papiers adhésifs transfert double face* non acides sont des matériaux idéaux pour tous les collages sur tous les supports : photos, posters, cartes postales, gravures, diplômes, documents, papiers fins et épais.

Ces papiers adhésifs résistent au jaunissement et au vieillissement, l'adhésif ne se dessèche pas.

Avec l'encollage à sec, l'allongement du papier ou du tissu est inexistant, sa pose est facile et rapide.

Fournitures : papier adhésif transfert double face, réglet.

Plan de travail : plaque de coupe en PVC.

Fixer le périmètre du papier ou du tissu à recouvrir avec du ruban crépon adhésif. Déroulez à peine le rouleau, un débord de quelques millimètres suffit à le fixer au plan de travail. A l'aide d'une règle, glissez sur la surface en le déroulant progressivement. Frottez uniformément toute la partie recouverte. Recoupez les bords pour les rectifier. Dégagez le papier de protection en le repliant sur lui-même.

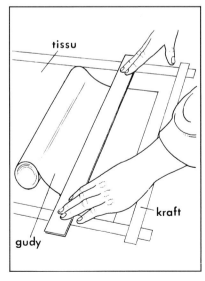

* Gudy (PLP en grande largeur, V en 19 mm) Filmolux.

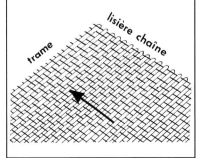

SENS DU TISSU

Le tissu a deux sens différents. Les fils de chaîne (parallèles aux lisières) sont tendus uniformément. Les fils de trame (qui vont d'une lisière à l'autre) ne sont pas tendus régulièrement. Le tissu s'allonge dans le sens de la trame. En règle générale, le tissu doit donc être pris de façon que sa longueur soit dans le sens des fils de chaîne. Les lisières doivent toujours être enlevées avant toute utilisation.

Dans l'encadrement, on utilise le plus souvent des tissus contrecollés sur papier, ils se vendent au mètre (1 m de large habituellement). Ces tissus ne posent aucun problème.

SENS DU PAPIER

Le papier a deux sens différents. Ses fibres se dilatent dans un sens et pratiquement pas dans l'autre. Cet allongement peut varier de 1 à 2 mm par 10 cm, et même davantage avec la température et l'humidité. Si l'on n'y prend pas garde, on se retrouve avec un papier qui gondole, se déchire, etc. Sans analyser cette fabrication, nous retiendrons que le papier s'allonge dans le sens travers (le mauvais sens). Dans le sens de fabrication (le bon sens), l'allongement est minime. Dans l'encadrement, l'allongement du papier ne vous posera pas de problème, sauf dans l'habillage des biseaux si la bordure de papier est encollée à la colle. Dans le mauvais sens, elle s'allongera.

Essai par humidification

Sur 5-6 cm mouillez les deux côtés d'un angle. Celui qui ondule le plus est le sens d'allongement (le mauvais sens).

Essai en déchirant

Le papier se déchire plus facilement dans le sens de fabrication (le bon sens) que dans le sens travers (le mauvais sens).

Essai avec les ongles

En les pinçant fortement entre le pouce et le majeur, lissez chacun des deux bords perpendiculaires de la feuille de papier. Celui qui se déforme le plus est le sens d'allongement (le mauvais sens).

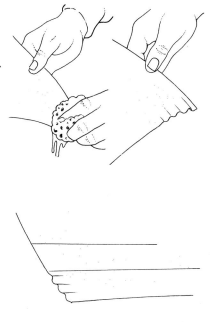

Essai en pliant

Pliez le papier dans chaque sens. Celui qui présente une résistance est le mauvais sens. Celui qui se plie facilement est le bon sens (celui de fabrication).

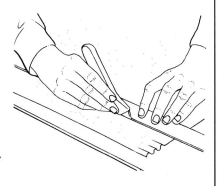

Encollage à sec d'une bordure

Avec l'encollage à sec, vous pourrez poser facilement les bandes des biseaux sans vous poisser les doigts. Posez la bande de papier ou tissu verso face à vous. Sur la même longeur, déroulez au fur et à mesure le rouleau de double face, retirez la fine pellicule de papier, aplanissez : le papier ou le tissu sont devenus auto-adhésifs. Une fois le papier ou le tissu encollés au double face, retirez la fine pellicule du papier protégeant l'adhésif, et habillez la bordure (voir page 52) ou le biseau (voir page 78).

On peut aussi faire l'inverse : dérouler le rouleau, le stabiliser en glissant dedans une règle lourde ou une équerre. Maintenir les angles avec du crépon adhésif. Puis dérouler le papier ou le tissu. Aplanir à la main ou au plioir.

Pour préparer plusieurs bordures, il est préférable d'encoller une certaine largeur (10 à 15 cm) et de découper ensuite les bandes.

ENCOLLAGE EN PLEIN

Les cartes postales, les photos, les documents en papier glacé seront encollés en plein avec le procédé de l'encollage à sec.

Mais l'encollage en plein ne se pratique qu'à titre exceptionnel pour les gravures. Utilisez alors de la colle de pâte ou les colles neutres.

Encollage en plein pour une affiche

Colle utilisée : colle d'amidon.

Avec un large pinceau, encollez rapidement l'envers. La couche doit être fine et uniforme. Attendez quelques secondes que le papier se détrempe.

Ensuite, avec précaution et dextérité, apposez l'affiche sur son support : un carton bois ou un carton plume de 3 mm. Pour les grands formats, prenez de l'isorel en 10 mm

Aquarelle de Jean-Claude Bobin.
Biseau à fenêtre agrandie sur fond
de cache et sous-cartes intérieure
et extérieure.
Contrecollé blanc 8/10ᵉ.
Biseau et sous-cartes
habillés de tissu
rappelant les couleurs
de l'aquarelle.
Baguette quadricolore en bois
reconstitué et verni.

41

d'épaisseur parfaitement lisse, ou un carton plume en 10 mm d'épaisseur. Bien aplanir la surface avant de mettre sous presse.

Attention : n'encollez jamais des affiches de valeur.

ENCOLLAGE DE PETITES SURFACES

Plan de travail : macules.
Fournitures : colle d'amidon, colle de pâte, colle blanche.

Pour encoller avec précision une partie bien déterminée, quelques millimètres autour d'une gravure par exemple, ou un onglet : placez un carton léger (carte bulle ou bristol) sur la partie à protéger, encollez la surface découverte. Mettez le document en place. Mettez sous presse.

Pour aplanir une gravure.

MISE SOUS PRESSE

La mise en presse a pour but d'aplanir gravures et cartons.

Pour aplanir une gravure, passez une éponge humide au verso, puis mettez-la sous presse en plaçant de part et d'autre une feuille de buvard épais, et un carton bois pour l'isoler des planches. Laissez sécher au minimum douze heures.

Après un encollage, cartes et cartons doivent être mis sous presse quelques heures. La colle doit bien sécher entre les cartons, sinon ils gondoleront.

Achetez plusieurs planches lourdes et lisses, elles permettront d'intercaler différents collages en même temps. Des planches genre formica pourront également vous servir pour les collages. Veillez à la netteté absolue des surfaces avant la mise en presse.

Sur la surface, il faut répartir des poids, pour maintenir une pression uniforme, mais il vaut mieux laisser longtemps sous presse, plutôt que de surcharger.

HABILLAGE D'UN CARTON

Fournitures. Colle d'amidon ou colle blanche diluée. Pinceau. Règle lourde. Cutter. Chiffon. Eponge. Macules. Carte ou carton. Papier d'habillage.

La surface du papier encollé doit être plus grande que la surface du carton à recouvrir, les bords dépassent régulièrement de 10 à 20 mm de chacun des quatre côtés.

Le carton est posé sur le papier encollé. Retournez l'ensemble pour unifier la surface : à partir du centre, appuyez en rayonnant dans tous les sens au-delà des bords. Retournez à nouveau l'ensemble, placez la règle à ras de la tranche du carton. A l'aide du cutter, coupez le papier dépassant le pourtour du carton, mettez sous presse.

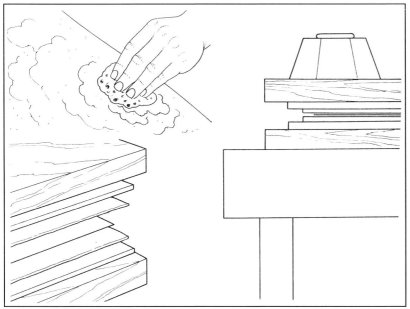

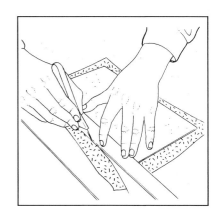

Remarque

Vous pouvez inverser la méthode : encollez le carton, humectez légèrement la surface du papier avec une éponge et posez la feuille sur le carton de telle sorte que les bords dépassent de chaque côté. Unifiez bien la feuille avant de couper le papier dépassant le carton.

HABILLAGE DES ANGLES

Fournitures. Papier ou tissu. Colle blanche ou encollage à sec. Plioir. Chiffon. Cutter. Ciseaux. Feuilles macules. Carton.

Habillage d'angles droits

Le papier d'habillage est encollé, puis le carton à recouvrir est appliqué dessus de telle sorte que les bords dépassent de chaque côté. A une ou deux fois l'épaisseur du carton, coupez les angles à 45°. Ne coupez pas plus près, la tranche du carton resterait apparente.

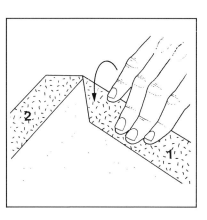

Les bords du papier sont rabattus sur les côtés opposés. Appliquez fortement le papier au carton à l'aide du plioir. Une petite coque se forme à l'angle, repliez-la au plioir contre la tranche. Rembordez les deux autres côtés. Retournez l'ensemble. Aplanissez le papier en intercalant une feuille de protection.

Habillage d'angles coupés

Le rabat de l'angle coupé est de même largeur que les rabats des côtés. Coupez le papier à une ou deux épaisseurs du carton dans la direction des coins. N'incisez pas trop. Rembordez.

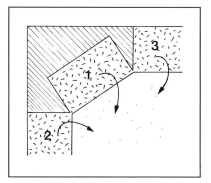

Habillage d'angles arrondis

Le rabat de l'arrondi doit être égal aux rabats des côtés. Coupez le papier à une (petite) épaisseur du carton.

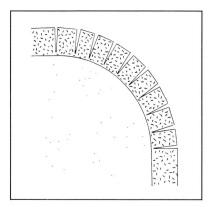

Habillage d'angles à languettes

Pour des cartons épais (épaisseur 2 à 3 mm). Dans la prolongation d'un grand côté rembordé, découpez une languette en ligne droite. Sa largeur aura l'épaisseur du carton ; sa longueur, la longueur du rabat. Repliez-la sur la tranche des petites longueurs.

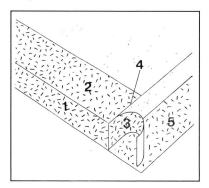

Habillage d'angles légèrement arrondis

Pour des cartons minces : carte bulle, carte lisse, etc. Découpez à chaque angle une petite languette pointue. Sa largeur aura environ deux à trois fois l'épaisseur de la carte, sa longueur celle du rabat. Repliez-la et collez-la sur la surface intérieure de la carte. Rembordez les côtés.

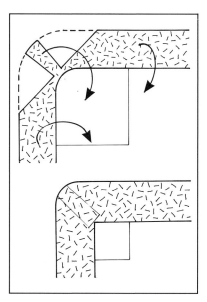

POSE DU SYSTÈME D'ACCROCHAGE

Anneau(x) fixé(s) sur le carton de fond pour les encadrements de petits et moyens formats, pitons vissés dans le cadre pour les encadrements lourds, le système d'accrochage doit être parfaitement posé. Pour notre part, nous avons une nette préférence pour l'anneau de laiton maintenu par un ruban en pur fil de lin. Il ne bouge pas, ne déchire pas le carton, est sans acidité, ne rouille pas.

EMPLACEMENT

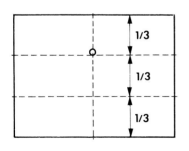

Emplacement d'un anneau unique. Pour les petits et les moyens formats, un seul anneau fixé sur un carton de 2 mm suffit. Il se place à la moitié de la largeur du carton de fond et au tiers de sa hauteur.

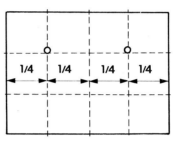

Emplacement de deux anneaux. A partir d'un format de 30 × 40 cm et jusqu'à 60 × 70 cm, fixez deux anneaux sur un carton de 3 mm d'épaisseur. Les anneaux se placent au quart de la largeur du carton de fond, et au tiers de sa hauteur. Pour la suspension, ils seront reliés par un cordeau, une drisse ou un câble galvanisé fin.

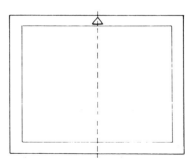

Emplacement d'une attache triangulaire. En acier laitonné, ces triangles se fixent avec des vis à bois, de préférence à tête plate, ou avec des pointes, directement au talon de la baguette, à la partie supérieure du cadre, au milieu.

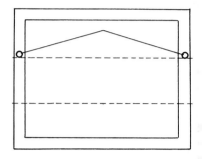

Emplacement de deux pitons. Pour des encadrements lourds, vissez deux pitons au tiers de la hauteur dans le talon de la baguette, jamais dans le montant de sa feuillure : à la longue le bois éclaterait. Relier les deux pitons par un câble galvanisé fin.

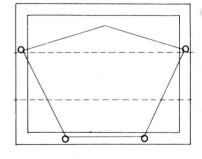

Emplacement de quatre pitons. Si l'encadrement est très important, s'il est très lourd, fixez quatre pitons dans le talon de la baguette. Le poids sera mieux réparti. Relier les quatre pitons par un câble galvanisé fin.

FIXATION D'UN ANNEAU À RUBAN

Outils et matériaux. Réglet. Crayon. Environ 10 cm de ruban pur fil de lin écru, largeur 15 mm. Poinçon. Cutter. Ciseaux. Anneau n°3 (diamètre 18 mm). Pinceau. Colle. Chiffon. Marteau. Kraft gommé, largeur 36 mm. Eponge. Carton de fond.

Sur un petit carton de 2 mm d'épaisseur fixez un anneau, ce modèle vous servira de maquette.

Côté recto. A la moitié de la largeur du carton de fond, tracez une ligne verticale. Au tiers de la hauteur, à partir du bord supérieur, tracez une ligne horizontale. A la rencontre de ces deux lignes, piquez au poinçon deux points repères pour délimiter la largeur du ruban. Avec le cutter, pratiquez une ouverture entre les repères, en traversant bien l'épaisseur du carton.

Côté verso. En vous aidant du côté non tranchant de la lame d'un cutter, introduisez l'une des extrémités du ruban dans la fente. Enfoncez-la de 2 ou 3 mm seulement, il n'en passerait pas davantage. Puis, avec vos doigts, tirez la bande jusqu'à mi-longueur, enfilez l'anneau. Procédez de même à partir de la seconde extrémité du ruban. Tirez ensemble les deux longueurs jusqu'à plaquer légèrement l'anneau contre le carton.

Côté recto. Il est nécessaire d'incruster le ruban dans l'épaisseur du carton. Placez les longueurs à plat de chaque côté de l'ouverture. Avec un crayon, dessinez des contours légèrement en forme de trapèzes un peu plus importants que l'emplacement réel du ruban. Avec le cutter, repas-

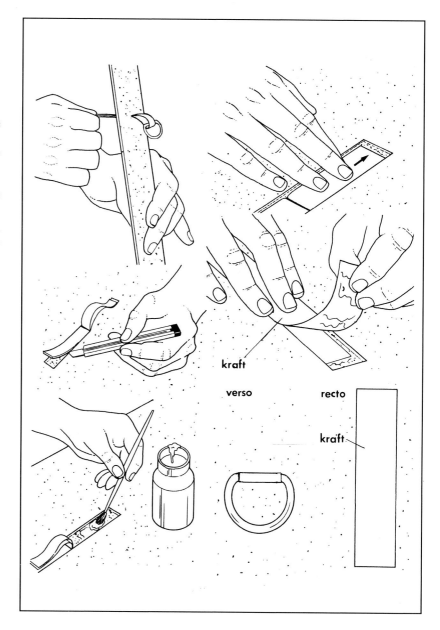

sez sur le dessin et incisez avec précaution (0,5 à 1 mm de profondeur). Enfoncez la pointe du cutter à partir d'un angle du trapèze et, d'un geste, évidez d'un millimètre la surface réservée au ruban.
Le ruban d'un millimètre d'épaisseur y sera incrusté.
Avec le marteau tapez modérément sur le ruban pour aplanir l'épaisseur.

Avec un pinceau, encollez cette partie évidée, incrustez le ruban en le faisant adhérer à la colle, essuyez l'excédent avec un chiffon.
Pour aplanir et mieux intégrer l'épaisseur, tapotez avec le marteau sur toute la longueur du ruban. Laissez sécher quelques secondes avant de recouvrir l'ensemble avec une longueur de kraft gommé.

FIXATION D'UN ANNEAU À LACET

Outils et matériaux. Un anneau et son lacet en laiton. Réglet. Crayon. Marteau. Poinçon. Cutter. Kraft gommé. Carton de fond.

Déterminez l'emplacement du ou des anneau(x). (Voir page 45). A partir du côté recto, traversez le carton de part en part avec un poinçon. Enfilez l'anneau sur le lacet, resserrez les tiges et passez-les dans le trou.

Côté recto, rabattez les tiges du lacet de chaque côté de l'ouverture et dessinez des contours en forme de trapèze plus longs et plus larges qu'elles. Incisez suivant le tracé, évidez légèrement le carton et rabattez les tiges du lacet.

Introduisez les extrémités du lacet dans l'épaisseur du carton. Pour cela, amorcez une ouverture en piquant le poinçon en biais dans le carton. Avec le marteau, tapez légèrement pour écraser le lacet et l'aplanir. Recouvrez l'ensemble d'une bande de kraft gommé.

Au dos du carton, l'anneau peut bouger facilement.

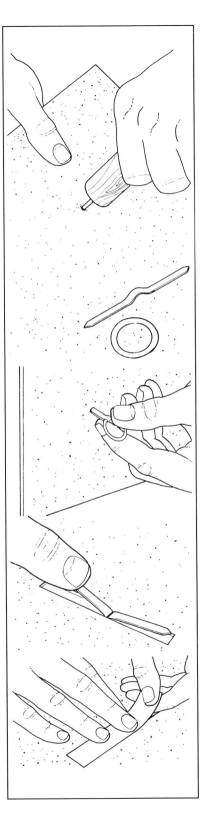

FIXATION D'UN ANNEAU AVEC DEUX LACETS

Pour un encadrement important, consolidez l'attache en utilisant deux lacets. Superposez-les, enfilez l'anneau, repliez les deux lacets pour introduire les quatre tiges métalliques ensemble dans le trou. Insistez pour les faire ressortir ensemble de l'autre côté.

Côté recto, écartez les quatre tiges en X. Procédez ensuite comme pour le lacet simple en incisant le carton pour incruster les tiges. Recouvrez la surface par deux bandes de kraft gommé collées en forme de X.

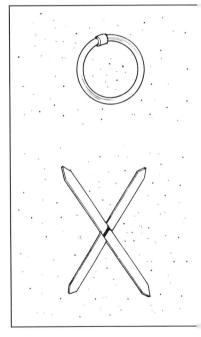

LE PAQUET

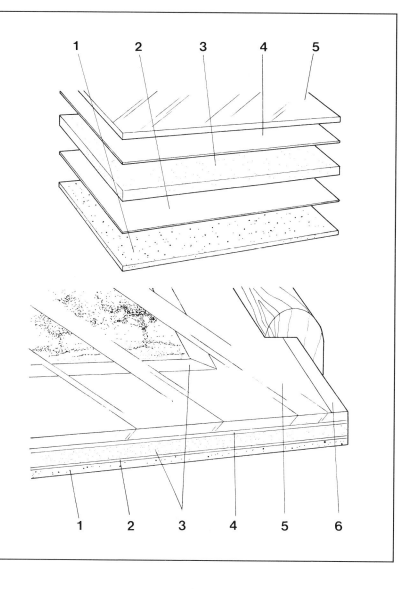

Le paquet ou « cœur de l'encadrement » est constitué par la superposition et l'assemblage de tous les éléments composant un encadrement (sauf le cadre).

Par exemple pour un encadrement à biseaux (voir page 72), le paquet est composé de six éléments aux mesures identiques et se présentant dans l'ordre suivant :

1. un carton de fond sur lequel est fixé l'anneau,
2. une carte bulle sur laquelle est fixée l'image,
3. un carton à biseau dans lequel on découpe une fenêtre à 45°,
4. un contrecollé dans lequel on découpe aussi une fenêtre,
5. un verre de 2 mm d'épaisseur,
6. une bordure composée de bandes de papier kraft gommé (largeur 24 mm) entoure le périmètre et borde l'ensemble du paquet.

La bordure utilisée pour la confection du paquet est toujours en kraft gommé. Elle protège l'œuvre des poussières et de la fumée. Le paquet terminé est prêt à prendre place dans le cadre ou à recevoir une deuxième bordure personnalisée : papier reliure ou autre papier fantaisie.

47

LE CARTON DE FOND

LA CARTE BULLE ET L'IMAGE

Le carton de fond est à la base d'un encadrement. Il est la « fondation » de la construction, c'est sur lui que tout repose. Tous les autres éléments (différents cartons, verre, bordures, baguettes) auront les mêmes dimensions que lui. L'anneau se fixe au carton de fond.

Le carton de fond peut être coupé dans toutes sortes de cartons : carton bois ou demi-bois, carton gris, etc. Les épaisseurs vont de 2 ou 3 mm suivant le format de l'encadrement. Les surfaces recto et verso sont identiques.

Le carton de fond contrecollé kraft sur ses deux faces est à la fois solide, rigide, esthétique. Il apporte une certaine finition, c'est le carton des encadrements particulièrement soignés. Malheureusement, on ne le trouve pas chez tous les fournisseurs.

Dans le cas d'un sous-verre simple, le carton de fond est aux mesures de l'image. Dans le cas d'un encadrement avec cache, voir page 59.

La carte bulle est aux dimensions du carton de fond. Dans le cas d'un encadrement avec cache, il faudra centrer l'image. Repérez l'emplacement de l'image en traçant les angles au crayon. Puis fixez-la sur la carte bulle.

Avec de la colle. Choisissez de la colle de pâte, d'amidon ou blanche, à pH neutre pour un document de valeur. Posez une touche de colle à chaque angle, ou un filet de 2 ou 3 mm de large sur tout le périmètre de l'image. En partant du centre, rayonnez vers les bords pour l'aplanir et la faire adhérer. Mettez sous presse. Il est possible de redécoller un document avec beaucoup de précaution en le maintenant au-dessus de vapeur d'eau. La gravure encollée se détache assez facilement.

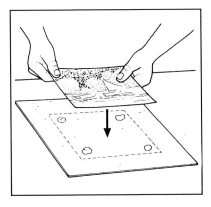

Encollage à sec. Posez environ 1 cm de double face* à chacun des angles du tracé. Ensuite, retirez la pellicule et apposez l'image. C'est le meilleur procédé pour les photos.

Sur charnières. Coupez quatre morceaux de 2 cm de papier ou de kraft. Pliez chacune de ces charnières et fixez-les aux quatre coins à l'intérieur du tracé. L'image peut être retenue par une seule charnière, ou par quatre.

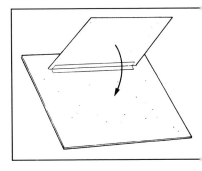

Bandes de kraft gommé ou de film auto-adhésif**. On peut fixer l'image directement à la carte par quatre bandes de film. Déterminer l'emplacement de l'image, et mettre une bande en place de telle façon que sa longueur chevauche de 2 à 3 mm le bord supérieur de l'image. Faire adhérer en appuyant avec un chiffon très propre.

Ensuite, prendre un carton plus important que l'image et le glisser dessus avec précaution pour chasser l'air.

Appliquer aussitôt la bande inférieure.

En partant du centre de l'image vers les bords, procéder de même pour coller les autres côtés.

* *Gudy* par exemple.
** *Filmoplast P90* par exemple.

DÉCOUPE
DU VERRE

Avec des coins photo

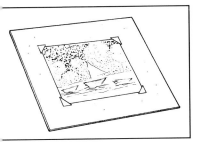

LES AUTRES
CARTONS

Les possibilités de caches, sous-cartes, carton à biseau, etc. sont multiples. Voir les chapitres correspondants.

C'est important de savoir couper le verre, mais je vous conseille de ne pas stocker des plaques de verre chez vous et de laisser aux vrais professionnels le soin de les couper à vos dimensions.

Le verre antireflet donne un aspect flou au sujet, sauf s'il est posé directement sur l'œuvre. Il donnera un aspect mat à une photo brillante. A la place du verre, pour les grands formats, utilisez de l'*Altuglass*, il est léger, incassable. Son seul défaut : il se raye facilement.

La coupe du verre n'est pas compliquée, on peut même réussir du premier coup, mais en général, plusieurs essais sont nécessaires. Pour couper « infailliblement », il existe des coupe-verre à réserve de pétrole qui permettent que la molette soit lubrifiée en permanence : les coupes sont parfaites jusqu'à une épaisseur de 6 mm. Une équerre de vitrier n'est pas absolument nécessaire. Une règle antidérapante peut suffire.

La plaque de verre doit être posée sur un plan de travail recouvert d'une feutrine.

Pour le tracé de la coupe, utilisez un feutre soluble à l'eau pour marquer vos repères sur le verre (mine super fine « S »).

Une fois le tracé fait sur la plaque de verre, retournez-la et passez dessus un chiffon légèrement imbibé de pétrole, ou d'essence de térébenthine. Humectez la molette avec le même produit.

Placez la règle à 2,5 mm du tracé, ce retrait correspond à l'épaisseur de la monture du coupe-verre. Maintenez l'outil bien vertical, la molette posée sur le tracé. On ne repasse jamais deux fois. Alors, sans hésitation, sans trop appuyer, d'un geste sûr et ferme, faites « chanter » la molette d'un bord à l'autre. Si elle crisse, la coupe est « blanche », c'est raté.

Pour séparer les morceaux, placez la plaque de telle façon que le bord de table soit en léger retrait par rapport au tracé de la coupe. Avec précaution, sur l'envers de la découpe, frappez quelques coups avec le coupe-verre, la coupe « filera » d'elle-même. Exercez une pression vers le bas pour détacher la coupe.

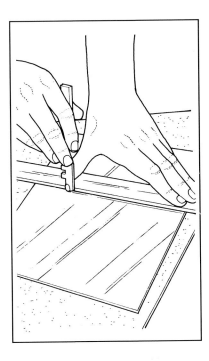

MONTAGE DU PAQUET

Fournitures. Kraft gommé, largeur 24 mm. Deux pinces à dessin. Éponge. Chiffon. Colle. Pinceau. Un poids pour stabiliser l'ensemble.

Dans l'ordre des superpositions, encollez tous les cartons d'une très légère couche de colle (vérifiez l'emplacement de l'anneau par rapport à l'orientation de l'image) et assurez-vous de la parfaite superposition de tous les éléments.

Puis posez les bandes de kraft venant sur les grands côtés.

Placez l'ensemble des éléments sur le plan de travail, en les faisant dépasser le bord de la table d'environ 5 cm. Stabilisez l'ensemble par un poids, serrez cartons et verre par deux pinces à dessin placées sur les petits côtés, un peu en retrait des angles.

Mouillez le kraft avec une éponge modérément imbibée d'eau. Commencez la pose du kraft à partir de l'angle en bas à droite, en en laissant apparaître au maximum 2 à 3 mm sur le verre. Progressez assez rapidement par segments de 5 à 6 cm. Faites bien adhérer le kraft au verre en frottant avec un chiffon. La largeur restante doit border l'épaisseur du paquet de façon à sceller l'ensemble en se repliant sur le carton de fond.

Lorsque les deux longueurs sont collées, déplacez les pinces sur les grands côtés et procédez de même pour sceller les petits côtés.

Si vous n'avez pas été suffisamment précis en collant le kraft sur le verre, vous risquez de voir le kraft dépasser les limites recouvertes par le cadre. Dans ce cas, vous serez obligé de recouper et de décoller le kraft au cutter, mais c'est assez difficile. Utilisez la lame seule, bien à plat.

Astuce. Si une poussière, une peluche de carton apparaît une fois le paquet terminé, ouvrez 10 cm de bordure, tapotez pour l'orienter vers l'ouverture, glissez une carte pour l'aider à sortir.

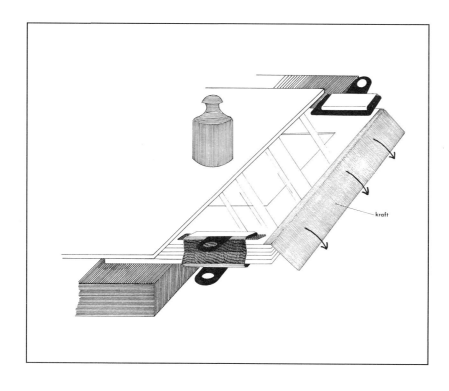

kraft

SOUS-VERRE SIMPLE OU BORDÉ

COMPOSITION DU PAQUET

1. Carton de fond (avec l'anneau).
2. Carte bulle avec l'image.
3. Verre.
4. Bordure de kraft gommé.
5. Bordure personnalisée.

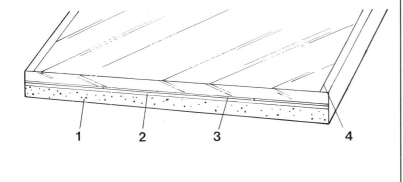

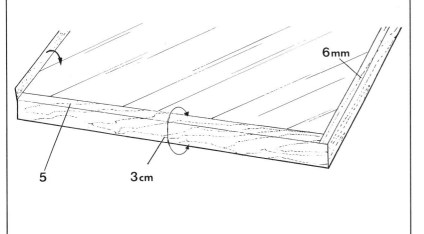

Le sous-verre simple représente la plus élémentaire expression pour mettre un sujet en valeur. Le sous-verre simple n'a pas de cadre, il peut être maintenu par de simples pinces ou une bordure.

Aussi simple soit-il, la réalisation du sous-verre doit être soignée, la bordure posée avec précision et minutie.

Outils-matériaux. Kraft gommé, largeur 24 mm. Anneau n° 3. 10 cm de ruban écru. Eponge. Chiffon. Réglet. Règle lourde. Equerre. Cutter. Pinceau. Colle. Pinces à dessin. Poinçon. Peau de chamois. Plioir.

Il faut superposer les éléments du paquet. Ils ont des mesures identiques (largeurs et longueurs) et viennent dans l'ordre suivant :
1. carton de fond sur lequel sera fixée l'attache de l'anneau,
2. une carte bulle sur laquelle sera collée l'image,
3. le verre,
4. quatre bandes de kraft gommé qui maintiennent l'ensemble des éléments et constituent la bordure,
5. une deuxième bordure de papier ou de tissu fantaisie.

Equerrez le carton de fond et la carte bulle (voir page 33).
Avec un ruban, fixez l'anneau d'accrochage sur le carton de fond (voir page 44).
Fixez l'image sur la carte bulle (voir page 48).
Coupez le verre (voir page 49).
Formez le paquet (voir page 50) et maintenez le tout avec la bordure en kraft, puis la bordure personnalisée.

BORDURE PERSONNALISÉE

PLIAGE D'UNE BORDURE

Une bordure personnalisée doit obligatoirement chevaucher la première bordure en kraft gommé qui ferme le paquet.

La bordure personnalisée peut être en papier ou en tissu, unie ou fantaisie. Il existe un vaste choix offert au goût et à l'ingéniosité de chacun. On obtient de jolis effets en utilisant deux ou même trois largeurs de bordures en différentes couleurs et largeurs. Quand on superpose plusieurs teintes, il est en général préférable de mettre la plus foncée dessous.

On peut fabriquer des genres de cadres en utilisant des bandes de carton sous la bordure pour créer des dénivellations.

Les grands côtés de la bordure seront 5 à 10 mm plus longs que ceux du paquet. Ces millimètres supplémentaires formeront deux languettes aux extrémités.

Recoupez légèrement leur largeur pour assurer une meilleure finition aux angles. En les rabattant sur les petits côtés, on ferme les coins et on empêche la poussière de pénétrer. Après, border l'épaisseur du paquet. Les bandes de bordure des petits côtés seront coupées aux mesures exactes du paquet.

Couper le chevauchement des angles à 45°.

Si on pratique l'encollage à sec (voir page 39), encoller 10 à 20 cm de papier ou de tissu, ensuite découper la largeur des bandes.

Si on pratique l'encollage à la colle, voir page 38.

Dans notre exemple (croquis page 51), la bordure a 3 cm de large dont 6 mm sont appliqués directement sur le verre. Assurez-vous que ces 6 mm soient parfaitement parallèles au bord du verre, cette bande étant « le cadre définitif ».

Pour marquer un pli à une largeur choisie, et faciliter la régularité du travail, pointez sur la longueur de la feuille deux points repères à 6 mm du bord.

Ensuite, posez la règle face aux repères, parallèlement à la ligne à plier.

Avec précaution, utilisez le poinçon pour tracer une ligne en longeant étroitement le pied de la règle.

A l'aide du plioir tenu presque horizontalement, rabattez les 6 mm sur l'épaisseur de la règle, marquez la pliure sur toute la longueur, enlevez la règle et repliez le papier encore une fois. La régularité de la bande de 6 mm est assurée par la pliure.

Page 53.
Aquarelle de Jean-Claude Bobin.
Cache blanc cassé sur biseau à sous-carte extérieure (voir page 82).
Cadre bicolore. Le brun du cadre et la sous-carte rappelle les bruns de l'aquarelle. La partie argentée du cadre fait écho aux éléments métalliques et à l'eau de l'aquarelle.
Photo L.B.M.

CACHE, PASSE-PARTOUT OU FENÊTRE

Ces trois noms ont la même signification. Dans ce livre, nous parlerons plutôt du cache, tout en sachant que nous pourrions aussi bien employer les mots passe-partout ou fenêtre.

Dans le langage courant, il est coutumier de baptiser marie-louise, le cache ou passe-partout. Ne tombez pas dans cette erreur. En réalité, la marie-louise est une baguette biseautée, recouverte de velours, toile, gros grain, ou peinte, placée en trait d'union entre l'œuvre et le cadre (voir photo p. 120). Sa feuillure est en contact direct avec la peinture encadrée. Ce style convient particulièrement bien aux toiles de maîtres.

Le cache a pour but avant tout de protéger le sujet en l'isolant du verre et en lui permettant de « respirer ». Sa deuxième fonction est de mettre l'œuvre en valeur et non pas d'attirer le regard vers lui.

Avec le cache, commence la première vraie structure de l'encadrement, c'est lui qui « ouvre la fenêtre » sur l'œuvre. C'est dire son importance, le soin et la précision que vous devez lui consacrer. Le cache peut être très simple ou se prêter à de multiples fantaisies.

La coupe de la fenêtre du cache peut être droite ou biseautée, suivant l'épaisseur du carton et l'effet recherché. Le contrecollé en 15/10ᵉ permet un biseau de 2 mm dans l'épaisseur du carton (Voir page 72).

LES PROPORTIONS DU CACHE

Il n'existe pas de règle absolue pour définir les proportions, l'important est de respecter un équilibre entre le sujet et le cadre. En principe plus le sujet est petit, plus on cherchera à lui donner de l'importance.

Le choix des couleurs, des matériaux participent aussi à cet équilibre. Le cache peut être un contrecollé papier ou tissu, il peut être peint ou sculpté. On utilise le plus souvent des cartons 8/10e ou 15/10e.

LES MARGES

La marge du cache est la surface entourant le sujet encadré. Les marges peuvent être égales ou différentes, il n'y a pas de règle générale. On peut accentuer la largeur d'un dessin en donnant plus d'importance aux marges des côtés (par exemple : haut et bas 4 cm, les côtés 6 cm).

A l'inverse, on peut accentuer la hauteur (haut et bas 6 cm, côtés 4 cm).

Pour les gravures et les aquarelles, il est conseillé de prévoir une marge inférieure plus importante que celle des trois autres côtés, environ d'un tiers. L'effet optique est meilleur.

LA FENÊTRE-IMAGE

La fenêtre-image correspond très exactement à la partie visible de l'image. C'est la fenêtre ouverte sur l'œuvre. C'est à vous de délimiter la partie de l'image que vous voulez montrer.

Les mesures de la fenêtre-image sont obligatoirement inférieures à celles de l'image. Il faudra soustraire au moins 2 à 3 mm à chacun des quatre côtés. L'image sera donc recouverte par le cache au moins sur 2 ou 3 mm tout autour.

Surtout ne soyez pas tenté de soustraire moins. Si vous n'avez pas été suffisamment prévoyant dans le calcul des mesures, vous risquez de voir votre image passer par la fenêtre !

La fenêtre n'est pas obligatoirement centrée. Elle peut être carrée, rectangulaire, hexagonale, octogonale, ovale ou en ellipse, etc. Des ouvertures aux lignes irrégulières donneront une note spécifique à l'image.

Une époque, un dessin peuvent inspirer une ouverture : le style 1900-1930 sera ainsi accentué par une fenêtre décentrée. Des courbes souligneront l'aspect romantique d'un sujet. La fenêtre peut être encore un cœur... que je vous apprendrai à ouvrir (voir page 102).

Astuce. Si l'ouverture de la fenêtre est trop grande de quelques millimètres, ajoutez une « sous-carte intérieure ». Elle évitera à votre image de passer par la fenêtre. Voir page 70.

POLYGONES RÉGULIERS

Avant tout, il faut savoir qu'un cercle fait 360°. On divise ce chiffre par rapport au nombre d'angles choisis. Utiliser un rapporteur et un compas.

Le carré. 4 côtés égaux, 4 angles droits. 360° : 4 = 90°.

Le pentagone. 5 côtés égaux. 360° : 5 = 72°.

L'hexagone. 6 côtés égaux. 360° : 6 = 60°.

L'octogone. 8 côtés égaux. 360° : 8 = 45°.

Tracé de l'hexagone. Tracer un cercle aux mesures de la fenêtre-image. Marquer le centre du cercle : C, et tracer un diamètre AA'. Poser le centre du rapporteur sur le centre C et sa base sur le diamètre. Pointer deux repères : A à 0° et B à 60°. Tracer AB : c'est le premier côté de l'hexagone.

Fixer l'écartement du compas sur AB et reporter 5 fois la mesure sur le cercle, de repère en repère. Tracer l'hexagone.

Pour ouvrir un biseau, suivre les flèches.

On fera de même pour tous les autres polygones.

OVALE

L'ovale a l'aspect général d'une ellipse mais il a des proportions précises. Il est composé de quatre arcs de cercle égaux deux à deux.

Outils et matériaux. Compas porte-crayon. Equerre. Réglet. Cutter. Carte bulle.

Mesures pour une maquette. Fenêtre-image : longueur 24 cm ; largeur à définir. Marges : 5 cm tout autour. Coupez un carton plus important que nécessaire. Il sera rectifié une fois l'ovale tracé.

Construction de l'ovale. A mi-longueur et mi-largeur du carton, tracez les deux axes. Sur le grand axe, marquez A1 et A2, les extrémités de la longueur de l'ovale distants de 24 cm.

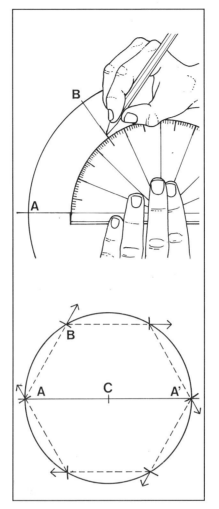

Divisez A1A2 par tiers. Les deux points repères obtenus, C1 et C2, indiquent les centres des cercles.

A partir de C1, tracez un cercle de rayon C1A1. A partir de C2, tracez un cercle C2A2.

Les deux cercles se coupent en B1 et B2.

Placez le réglet le long de C1B2 et tracez un trait D1 qui traverse le cercle de part en part et le coupe en D1. Procédez de même pour D2 suivant C2B2, D3 suivant C1B1 et D4 suivant B1C2.

Ces quatre obliques serviront de repères pour les tracés des arcs de cercle.

Tracé. Pour obtenir la largeur de l'ovale : fixez l'écartement du compas à partir de B1 jusqu'à l'intersection D3. Tracez la courbe de la largeur en orientant le tracé sur D4. A partir de l'intersection de B2, piquez le compas, tracez une courbe de D1 sur D2.

L'ovale est délimité par les intersections des tracés : cercles et courbes. Sa longueur est de 24 cm, le résultat de sa géométrie lui donne une largeur de 18 cm.

A partir de B1 comme centre, tracez l'arc D3D4. A partir de B2 comme centre, tracez l'arc D1D2. L'ovale est tracé.

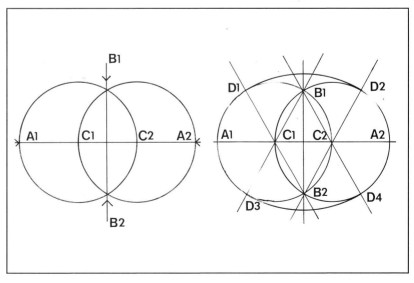

Aquarelle de Marie Combe. Fenêtre-image ovale en biseau direct (voir page 75).
Contrecollé 15/10ᵉ dans un ton de l'aquarelle. Baguette Louis XVI à cannaux raies-de-cœur, doré ancien.

Aquarelle de Caroline Dumuys.
Fenêtre-image octogonale.
Biseau à sous-carte.
Biseau doré vieilli.
Les sous-cartes reprennent les couleurs
du bouquet de violettes.
Baguette plat doré patiné.

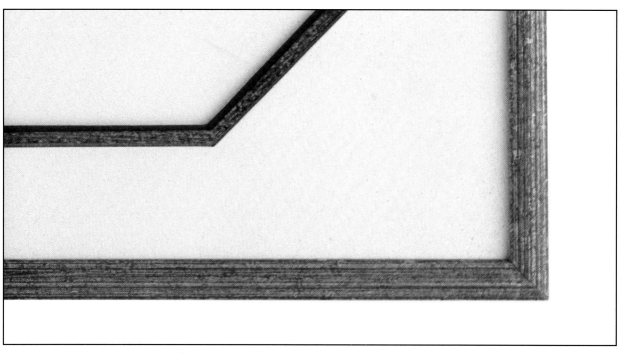

ELLIPSE

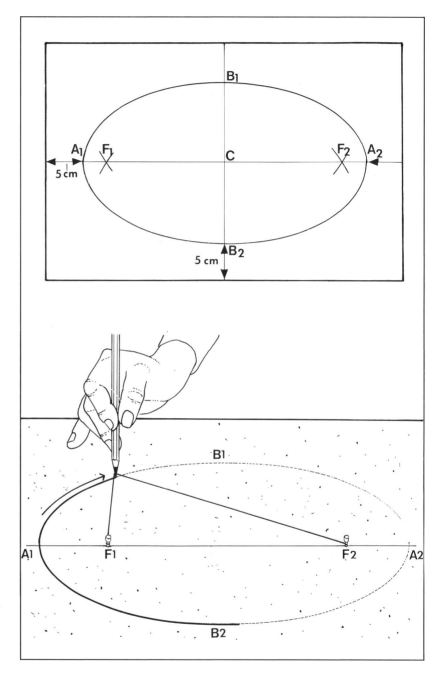

Du point de vue des mathématiques, une ellipse est une « courbe plane convexe fermée à deux axes de symétrie et dont chaque point est tel que la somme de ses distances à deux points fixes, appelés foyers, est constante ».

Concrètement, pour nous, c'est une sorte d'ovale dont on peut déterminer la longueur et la largeur.

Faites une maquette en carte bulle, marquez tous les repères et gardez-la.

Outils et matériaux. Trois clous. Marteau. Tenailles. Compas porte-crayon. Equerre. Réglet. Cutter. Fil de lin épais ou ficelle (environ 80 cm). Carte bulle.

Mesures
Fenêtre-image 24 × 14 cm.
Largeur des marges, 5 cm sur chaque côté.
Mesures de la carte bulle, 34 × 24 cm.

Construction de l'ellipse. A mi-longueur et mi-largeur du carton, tracez les deux axes. Baptisez C leur point d'intersection. Tracez les marges : elles coupent les axes en A1, A2, B1 et B2.

Avec le compas, prenez la distance A1C. A partir de B1, reportez cette mesure de façon à couper A1C et A2C. Procédez de même en partant de B2. Vous avez déterminé les deux foyers de l'ellipse : F1 et F2.

Tracé. Protégez votre table. Enfoncez 3 clous aux repères : F1, F2 et A2.

Nouez une extrémité du fil de lin à la base du clou F1. Faites passer le fil en contournant F2, A2 et revenez à F1. Nouez ensemble les deux extrémités du fil. Il doit être bien tendu et à la base de chacun des 3 clous.

Remplacez le clou A2 par un crayon, tenez-le verticalement en le déplaçant vers B2. Maintenez le fil à la surface du carton avec le doigt, tout en glissant le crayon. Continuez le mouvement : passez par B2 pour rejoindre A1 et revenir en A2.

SUJET ENTOURÉ D'UN CACHE

CALCUL DES MESURES DU CACHE

Pour calculer les mesures extérieures du cache, additionner les mesures de la fenêtre-image et la largeur des marges. Ce sont également les mesures extérieures du carton de fond et de tous les éléments du paquet.

COMPOSITION DU PAQUET

1. Carton de fond avec l'anneau.
2. Carte bulle pour fixer l'image.
3. Contrecollé 8/10e (A1/**A2**) pour le cache.
4. Verre.
5. Bordure de papier kraft (24 mm).

TRACÉ DES MARGES

Fixer l'écartement du compas porte-crayon à la largeur des marges. Longer étroitement la tranche du carton avec la pointe. Le crayon trace la largeur de la marge sur la surface du carton.

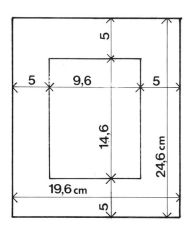

Premier exemple
Fenêtre-image : 14,6 × 9,6 cm.
Largeur des marges : 5 cm.
Mesures extérieures du cache :
— 14,6 + 5 + 5 = 24,6 cm.
— 9,6 + 5 + 5 = 19,6 cm.

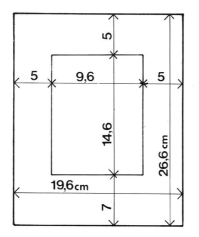

Deuxième exemple
Fenêtre-image : 14,6 × 9,6 cm.
Largeur des marges : 5 cm.
Marge inférieure : 7 cm.
Mesures extérieures du cache :
— 14,6 + 5 + 7 = 26,6 m.
— 9,6 + 5 + 5 = 19,6 cm.

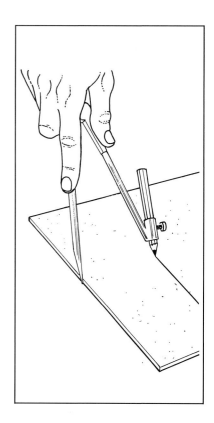

DÉCOUPE DE LA FENÊTRE

Comme les professionnels, découpez la fenêtre du contrecollé sur une plaque de verre : la coupe sera plus nette.

Placer invariablement la règle sur la marge du cache : en cas de dérapage, le coup de cutter maladroit se ferait à l'intérieur de la fenêtre. Pour couper les quatre côtés, la règle ne change pas de position : c'est le carton qui bouge. Elle doit donc toujours être à gauche. Pour découper une grande fenêtre, maintenir la règle avec un ou deux serrejoints. Ils éviteront que la règle glisse.

Placer la règle sur la ligne de coupe, piquer la pointe du cutter à l'extérieur du tracé, à l'angle inférieur gauche de la fenêtre. Le pouce et l'index retiennent fermement la règle, le carton ne doit pas bouger.

Pour réussir la coupe, le cutter doit être tenu comme un crayon entre le pouce, l'index, et le majeur. L'index bien appuyé sur le dos du cutter et maintenu assez incliné dans le sens de la coupe.

Le premier passage de la lame s'effectue sans pression en longeant étroitement l'épaisseur de la règle. A chaque passage, la pression augmente progressivement. Surtout ne pas dépasser la limite des angles ! Le trait de crayon doit rester sur la découpe A1.

FINITION

En cas de petites imperfections, améliorer la finition en passant un morceau de toile émeri fine. Ebarber les angles pour plus de netteté. Afin de perfectionner les bords de la fenêtre côté recto, aplanir les arêtes. Appliquer une feuille de protection sur un des bords de la fenêtre.

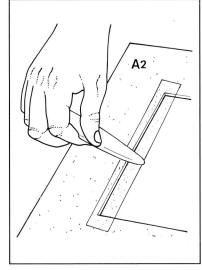

Glisser le plioir presque horizontalement, appuyer modérément et recommencer l'opération sur les trois autres côtés.

Encoller légèrement les cartons entre eux pour constituer le paquet.

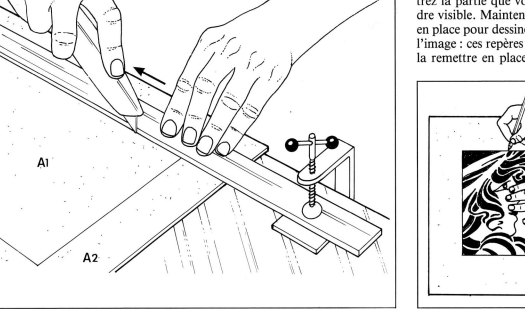

CENTRAGE DE L'IMAGE

Première méthode. Glissez l'image entre la carte bulle et le cache. Centrez la partie que vous désirez rendre visible. Maintenez l'image bien en place pour dessiner le contour de l'image : ces repères permettront de la remettre en place pour la fixer.

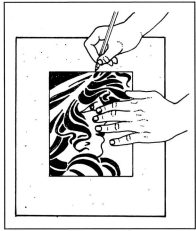

Paysage sépia.
Cache de papier bois naturel contrecollé
sur une carte lisse. Baguette en loupe
de thuya avec un filet nacré de la teinte
du papier bois.

Deuxième méthode. Superposez la carte bulle et les deux parties du cache bien emboîtées (A1 et A2). En maintenant bien A1, enlevez A2 (laissez-le autour de votre bras) et tracez le contour de A1. Vous obtiendrez l'emplacement exact de l'image. Prolongez le tracé au-delà de la limite des angles, cela facilitera le centrage.

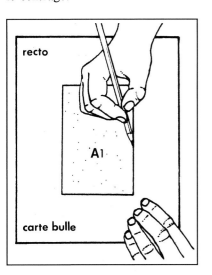

Troisième méthode. Humectez une bande de kraft, placez-la sur le plan de travail, partie adhésive face à vous. Posez le bord supérieur du sujet à encoller, de telle sorte que son côté verso chevauche la bande de 2 à 3 mm.

Pour centrer, superposez le cache et l'image. Appuyez bien la bande.

Ensuite, retournez le cache avec l'image encollée, et fixez les trois autres côtés : la partie inférieure, et les deux autres côtés. L'image est fixée au verso du cache et non pas sur une carte bulle.

CACHES
À FENÊTRES INÉGALES

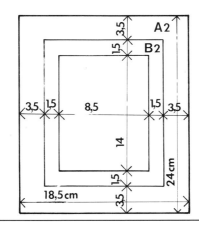

L'intérêt est de rechercher deux coloris en harmonie avec le sujet à encadrer.

Par exemple pour une aquarelle : Premier cache (B2) vert foncé, deuxième cache (A2) vert clair.

Mesures pour une maquette
Retrait entre les deux fenêtres : 15 mm.
Mesures de la fenêtre-image : 14 × 8,5 cm.
Marges du 1er cache : 5 cm.
Mesures du carton de fond : 24 × 18,5 cm.

OUVERTURE DES FENÊTRES

Contrecollé B1/B2. Côté verso, tracer la largeur des marges.
Découper la fenêtre.

Contrecollé A1/A2. Côtés versos, superposer A1/A2 et B2. Tracer le contour de B2 avec un porte-mine très fin. Faire un second tracé à 15 mm en retrait extérieur du précédent. Découper la fenêtre en suivant ce deuxième tracé.

Encoller légèrement les cartons. Mettre sous presse.

COMPOSITION DU PAQUET

1. Carton de fond avec l'anneau.
2. Carte bulle pour fixer l'image.
3. Contrecollé (B1/**B2**) pour le 1er cache.
4. Contrecollé (A1/**A2**) pour le 2e cache.
5. Verre.
6. Bordure de kraft gommé 24 mm.

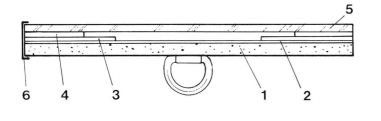

COMMENT PERSONNALISER UN CACHE

Tout est possible : peinture, filets, papier fantaisie, papier reliure, papier bois, liège contrecollé sur papier, tissu (soie, cretonne, doupion, etc.). Les collages peuvent se faire à la colle (encollage indirect, voir page 38) ou à sec (page 39).

HABILLAGE D'UN CACHE AVEC TISSU

Il s'agit de recouvrir entièrement le cache en contrecollant du tissu.

Cache en carte lisse. Encollage à sec (film adhésif double face).

La surface du tissu doit être plus importante que la surface à recouvrir.

Le tissu se présente envers face à soi, il doit être parfaitement tendu et retenu au plan de travail par quatre bandes de ruban crépon adhésif. Le recouvrir entièrement de film adhésif double face. Puis appliquer le recto du cache au tissu encollé.

Unifier la surface au plioir en intercalant une feuille de protection pour éviter de lustrer le tissu.

Recouper le tissu à ras du périmètre extérieur de la carte.

Ouvrir dans le tissu une fenêtre à 1 ou 2 cm en retrait intérieur de la fenêtre de la carte.

A une épaisseur de carton, couper les angles de la fenêtre du tissu à 45°. Appliquer au plioir les rembords contre la tranche du carton et les rabattre sur l'envers de la carte.

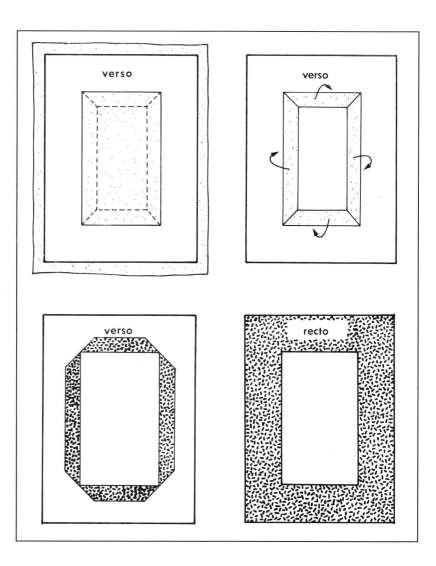

CACHES
À ANGLES VIFS

Il s'agit de personnaliser un cache en le recouvrant de bandes de papier bois (ou d'un autre matériau) se joignant bord à bord dans les angles. Les possibilités sont multiples. En découpant des bandes de papier bois, on peut obtenir un effet de marqueterie. Ce papier se laisse cirer, teinter. Il convient aux sujets chinois ou japonais, aux scènes de chasse, à tous les sujets de la nature : animaux, fleurs...

Encollage conseillé : colle d'amidon. Pour le cache, utiliser une carte lisse.

Les mesures
Fenêtre-image : 10 × 15 cm.
Largeur des marges sur les quatre côtés : 5 cm.
Mesures extérieures du cache (et de tous les cartons du paquet) :
— Hauteur : 10 + 5 + 5 = 20 cm.
— Largeur : 15 + 5 + 5 = 25 cm.
Longueurs des bandes habillant le cache = dimensions du cache + quelques millimètres supplémentaires à chaque extrémité qui seront recoupés par la suite :
— pour la hauteur :
  25 + 0,5 + 0,5 = 26 cm.
— pour la largeur :
  20 + 0,5 + 0,5 = 21 cm.

Habillage du cache

1. En premier lieu, couper à 45° les extrémités des bandes. Encoller et placer les bandes d'une hauteur et d'une largeur. Les extrémités des bandes vont se chevaucher légèrement.

2. Côté verso. Couper le papier bois à partir des coins : de l'angle A vers l'intérieur, de l'angle B vers l'extérieur. Ces coupes faites à l'extérieur du cache faciliteront la coupe du côté recto.

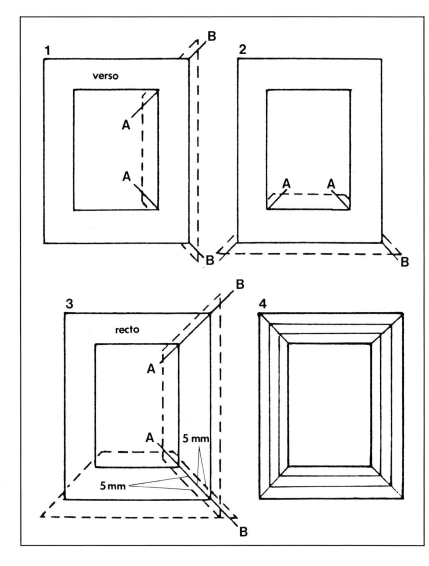

3. Côté recto. A l'angle, positionner la règle à 45° en suivant les coupes AB. Couper au cutter, avec précaution et précision, en longeant étroitement la règle. Les bandes sont recoupées à la dimension exacte et se joignent bord à bord.

4. Procédez de même pour chaque coin. Pour terminer, couper le papier bois à ras du périmètre extérieur du cache. Mettre sous presse.

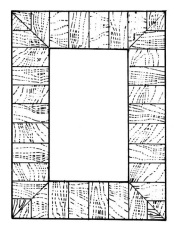

ORNEMENTATION DU CACHE

Evider un cache l'animera et le personnalisera de façon spectaculaire. Utiliser un *contrecollé Beaux-Arts 8/10ᵉ*.

« Le soleil et l'enfant »

Côté verso, dessinez les rayons du soleil, un rayon droit, un rayon en forme de flèche, etc.

A l'aide du cutter et d'un X-acto n° 1 (pour les découpes fines), évidez ces rayons dans l'épaisseur du carton.

Lorsque les découpes sont terminées, avec une éponge à gros trous imbibée de très peu de peinture or*, tapotez le recto du contrecollé pour le moucheter.

Une fois sec, glissez sous le carton une feuille de papier kraft or, le soleil sera doublement lumineux.

Vous trouverez d'autres exemples page 145 sqq.

* J'utilise *or n° 62 Plaka Pélikan*.

Photo d'enfant.
Biseau à fenêtre circulaire
(page 102).
Cache en contrecollé mi-teinte 8/10ᵉ,
couleur bleu clair avec projections
de peinture or,
évidé de rayons laissant apparaître
le papier doré du fond de cache.
Baguette jonc doré vif.

ORNEMENTATION DE LA FENÊTRE

Pour certains encadrements modernes (posters, photos), sculpter la fenêtre elle-même apporte un effet optique très spectaculaire.

Utilisez deux surfaces de contrecollé* en épaisseur de 8/10e. Tracez l'ouverture de la fenêtre. Suivant l'inspiration que vous apporte le sujet à encadrer, dessinez des lignes diagonales, horizontales ou verticales. L'aspect général doit rester sobre.

Pour définir les tracés des ciselures côté recto, servez-vous d'une feuille de papier calque. Pour reproduire le dessin côté verso, inverser le calque. Evidez l'intérieur du rectangle en ne laissant apparaître que les filets. Ils seront plus ou moins larges (entre 5 et 20 mm), leur proportion dépend de la surface qu'ils décorent. Travaillez sur une plaque de verre.

Ouvrez un deuxième contrecollé. L'ouverture sera de 10 à 20 mm en retrait extérieur de la première. Ce cache supplémentaire apporte un double raffinement.

Vous trouverez des exemples page 145 sqq.

LES FILETS

Le tire-ligne est un petit instrument dont l'extrémité est formée de deux becs serrés par une vis, et servant à tracer des lignes de largeur constante. L'écartement des deux becs sert de réservoir à l'encre de Chine et permet de régler l'épaisseur du trait. Il existe des tire-lignes simples et des tire-lignes gradués. Le tire-ligne à double bec permet de tracer des traits doubles, fins ou épais. Sa réserve d'encre est importante. Il s'adapte au compas avec un attache-compas universel.

Il faut une grande habitude pour se servir du tire-ligne sans faire de taches d'encre, même en utilisant une règle antitaches. Je vous conseille d'utiliser plutôt des stylos* à plume à encre de Chine ou à pointe fine.

Tous vos tracés seront nets, sans problème. Ils s'adaptent à l'attache-compas universel. Surtout pas de règle spéciale : la plume ronde doit suivre directement le bord d'une règle plate. La plume doit être tenue avec une inclinaison de 45°. Instrument idéal pour la calligraphie.

Les filets sont des lignes tracées à l'encre noire ou de couleur, en or, à blanc, ou découpées ou peintes. Ils peuvent être intérieurs ou extérieurs, droits, courbes, ovales ou ronds.

* Finograph, Art Pen, Art Pen Graph de Rotring.

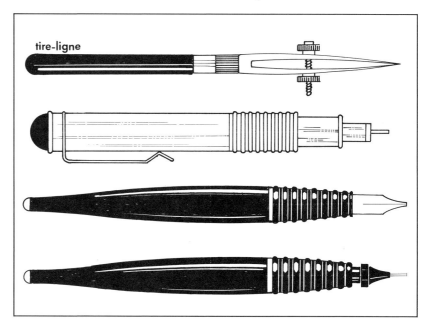

tire-ligne

* Par exemple Vergé Gallery, teinte crème.

Filet direct intérieur. Le filet est peint directement à l'aide d'un pinceau imbibé d'or liquide ou de couleur, sur le bord ou le champ d'une carte lisse (pour une sous-carte).

Filets extérieurs. Les filets extérieurs se tirent au tire-ligne à réserve d'encre, mais plus facilement au stylo. Au préalable, faites le tracé au compas à crayon : le trait doit suivre bien parallèlement l'ouverture du cache. Fixez le compas à la mesure. La pointe sèche longe l'ouverture, le crayon trace le filet. Raccordez proprement le tracé aux angles.

Filets courbes. Procédez comme pour les filets extérieurs précédents. Raccordez les courbes du tracé à l'aide d'un gabarit de cercle anti-taches.

Filets ronds ou ovales. La manière de construire un ovale est expliquée page 55. Posez le contrecollé sur une plaque de verre, retenez le carton au verre par deux petits morceaux de double face pour l'empêcher de glisser. Avec un compas muni d'une attache universelle et de l'instrument choisi, suivez l'ouverture du cache.

Filets à blanc. Le filet à blanc est obtenu à sec, en appuyant un poinçon ou un plioir le long de la ligne à suivre. Longez étroitement la règle. Tracé du côté recto du carton, il sera concave. Si vous recherchez un effet de relief, tracez le filet sur l'envers du carton (épaisseur maximum 300 g) : il sera convexe.

Filets découpés. Avec un crayon fin, tracez l'emplacement des filets sur le cache. Pour la facilité et la netteté du travail, pratiquez l'encollage à sec sur le papier choisi avant découpe. Sur toute la longueur de la feuille, coupez une bande d'environ 10 cm. Pour découper les filets de 2 ou 3 mm, placez la bande sur une plaque de verre, fixez le réglet avec un ou deux serre-joints, ainsi le papier ne glissera pas sous la règle. La beauté des filets dépend de leur régularité, de leur finesse.
Posez les filets en suivant le dessin du tracé. A l'aide d'un papier de protection et d'un plioir, faites adhérer les filets au contrecollé.

Remarque. Les filets découpés dans du papier doré vieilli (voir page 79) sont particulièrement beaux.

LE LAVIS

Apparu en 1875, le lavis convient particulièrement aux gravures anciennes : scènes de chasse, mode, vieilles demeures.
Il consiste à souligner la fenêtre-image du cache avec des filets et une marge colorée en général à l'aquarelle (d'où son nom de lavis) dans un ton complémentaire au sujet.
Pour le lavis, choisir de préférence un pinceau de martre ou de petit-gris (le plus courant) monté sur plume.
En principe, les 3 premiers filets à partir de la fenêtre sont à 5 mm d'intervalle. Après ces filets, vient l'espace du lavis (1 à 2 cm de large) que l'on souligne d'un nouveau filet légèrement plus épais pour mieux accentuer le lavis. Enfin, le cinquième filet sera le plus fin possible. Pour vous simplifier le repérage de ces cinq ou six lignes, vous trouverez pages suivantes plusieurs gabarits de lavis que vous pourrez décalquer et reporter aux angles de votre fenêtre. Page 148, vous trouverez des gabarits à écoinçons pour caches à fenêtre ovale.
Servez-vous d'une épingle pour marquer les angles des gabarits, ensuite, avec un porte-mine très fin, pointez les repères en piquant dans les trous. Il ne faut pas piquer le cache. Avec un porte-mine (0,3), tracez les traits d'un repère à l'autre.

Outre l'aquarelle, vous pouvez utiliser des encres* parfaitement miscibles à l'eau et entre elles. Vous obtiendrez avec les teintes de base une infinité de nuances. Pour obtenir tous les coloris, les teintes suivantes suffisent : violet, bleu, vert, jaune, orange, rouge, plus le noir et le blanc.
Méfiez-vous : une goutte dans un quart de verre d'eau suffit ; il est toujours temps d'en rajouter.

* Ecoline, Colorex, etc.

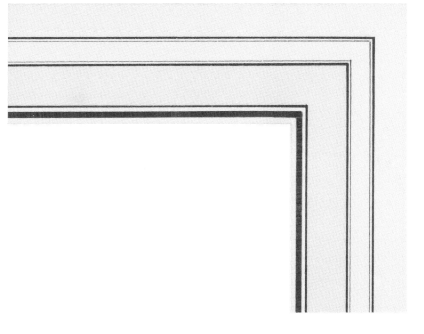

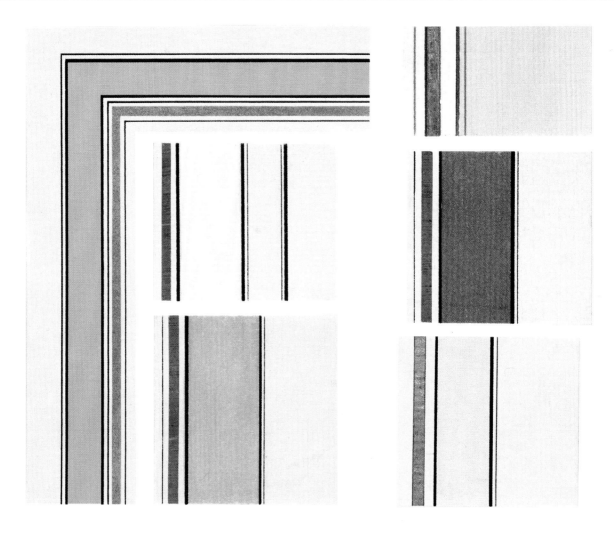

Différents lavis.

Vous pouvez utiliser également des gouaches.

La teinte doit rester très transparente, très légère. Le pinceau doit être bien imbibé afin de le recharger le moins souvent possible.

Faire un premier passage à l'eau claire, puis un deuxième avec la couleur. Procédez rapidement. Arrivé en fin de parcours, absorbez la goutte restante. Laissez sécher.

Ensuite tracez les filets au tire-ligne ou, pour éviter les taches, avec un stylo à pointe traceuse ou un stylo-plume de calligraphe. Evitez de gommer, servez-vous à la rigueur d'une gomme souple non abrasive.

Filets dorés

Sur une plaque de verre, découpez les filets de papier doré* préalablement encollés à sec.

Il est préférable d'encoller une certaine largeur et de découper ensuite les filets de 2 ou 3 mm.

* Il existe des contrecollés pour lavis dans plusieurs marques. En général, j'emploie le *Vergé Gallery* ou le contrecollé Mi-teinte en épaisseur de 8/10e de *Canson*.

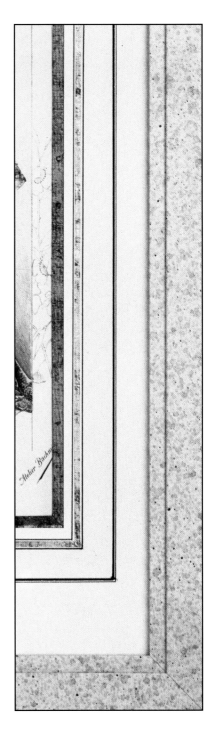

Remarque. Il ne faut pas se le cacher, la réussite d'un lavis est difficile, au début vous en ferez dix pour en réussir un. Persévérez, vous trouverez la dextérité nécessaire au coup de pinceau. Sinon, heureusement, j'ai trouvé un truc : la « frisquette » en feuille, c'est un papier adhésif qui n'abîme pas le contre-collé. L'espace du lavis délimité par des bandes collées de chaque côté, appuyez sur la bande de frisquette pour bien faire adhérer. Elle fera barrière à l'aquarelle, vous n'aurez plus aucun risque, un vrai miracle ! Après, retirez la bande et le lavis sera parfait.

Lavis à fond perdu
A la différence du précédent, la partie teintée démarre à partir du trait le plus épais, l'avant-dernier donc. C'est la marge extérieure aux filets qui est peinte.

Remarque. Plus facile à réussir, l'espace lavis peut être remplacé par des bandes de papier couleur, papier reliure ou autre papier fantaisie.

* Normafrisket n° 1.

*Gravure de mode
entourée d'un lavis.*

69

LA SOUS-CARTE

Précision, concentration, seront à la base de la réussite.

La sous-carte impose une certaine recherche, car elle doit apporter un réel raffinement à l'encadrement. Elle peut venir à l'intérieur (sous-carte intérieure) ou à l'extérieur (sous-carte extérieure) de la fenêtre, d'un cache, d'un passe-partout, d'un biseau. Elle est toujours recouverte d'un dernier carton.

Vous trouverez quelques exemples de superpositions page 145 sqq.

L'intérêt est d'habiller ces sous-cartes d'une teinte en harmonie avec le sujet ou la baguette. Le travail doit être fait avec très grande précision et régularité. Autour de la fenêtre, la sous-carte apparaîtra en général sur 2 ou 3 mm : cet étroit filet doit être très régulier.

CACHE À SOUS-CARTE INTÉRIEURE

Rappelons l'importance de bien marquer lettres et signes repères sur tous les cartons (voir page 36) et de l'irremplaçable service que vous rendra cette maquette.

**Pour une fenêtre-image
de 15 × 10 cm**
Filet de la sous-carte peint directement : 3 mm d'épaisseur.
Largeur des marges : 4 cm.
Mesures du carton de fond :
15 + 4 + 4 = 23 cm ;
et 10 + 4 + 4 = 18 cm.

Pour la précision du tracé, utilisez un porte-mine très fin (0,3 ou 0,5) ou le poinçon.

DÉCOUPE
DES FENÊTRES

Afin de réussir une coupe exacte, travaillez sur une plaque de verre et fixez le réglet avec un ou deux serre-joints, ils vous éviteront de dévier. Découpez la fenêtre de la sous-carte en dépassant le tracé des angles (d'environ 2 mm) : ils seront plus nets. Ce dépassement sera recouvert par les bandes qui borderont l'ouverture.

COMPOSITION DU PAQUET
1. Carton de fond avec l'anneau.
2. Carte bulle pour fixer l'image.
3. Carte lisse (B1/**B2**) pour la sous-carte.
4. Contrecollé vergé 8/10ᵉ (A1/**A2**) pour le cache.
5. Verre.
6. Bordure de papier kraft gommé, largeur 24 mm.

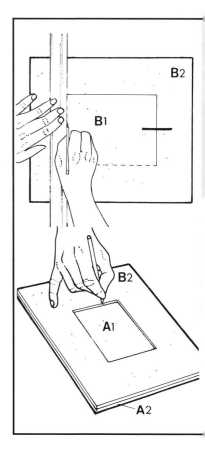

On ouvre d'abord la fenêtre de la sous-carte. Puis on ouvre celle du cache à quelques millimètres en retrait extérieur.

La sous-carte (carte lisse B1/B2)
Côté verso, marquer B1 au centre et B2 à l'angle supérieur droit. Tracer la largeur des marges avec le compas porte-crayon. Découper la fenêtre.

Le cache (contrecollé A1/A2)
Côté verso, marquer A1 au centre, et A2 à l'angle supérieur droit. Lui superposer B2, les côtés versos face à soi. Marquer les croix repères intérieures en vis-à-vis (voir page 36).
Avec grande précision (porte-mine 0,3 ou 0,5), tracer sur le contrecollé le contour de B2. Faire un autre tracé à 3 mm en retrait extérieur. Ouvrir la fenêtre du cache en suivant ce deuxième tracé.

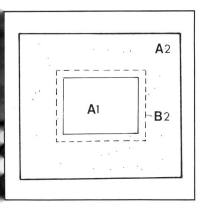

Finitions. A l'aide d'un pinceau, peindre directement le filet de la sous-carte avec de la peinture or. Appliquer quelques touches de colle entre les cartons pour les fixer ensemble. S'assurer de la régularité du filet en superposant les cartons. Former le paquet.

BORDURE D'UNE SOUS-CARTE

Matériau de bordure : papier ou tissu.

Mesures des bandes de bordure
Les longueurs des bandes (grands et petits côtés) sont celles des mesures des côtés de la fenêtre plus 5 cm. Elles seront recoupées à 45° à partir des points repères des mesures, situés en retrait des extrémités.
Largeur des bandes : 2 cm.

LA COUPE À 45°

Pour simplifier la coupe à 45°, utilisez un gabarit d'angle ou une équerre.
1. Côté recto du carton. Posez la bande (côté verso), à ras de la partie inférieure de la fenêtre.
2. Tracez verticalement deux lignes dans le prolongement des deux longueurs de la fenêtre. A mi-largeur de la bande, tracez une ligne. Aux deux intersections des lignes tracées, à l'aide du poinçon, piquez deux repères.
3. Placez l'équerre ou le gabarit d'angles sur la longueur de la bande, le côté gauche passant au point de repère gauche. Avec précision, tracez et coupez l'oblique à 45°.
4. Procédez de même pour le côté droit et les trois autres bandes.
5. Commencez par un grand côté. Côté recto de la carte, placer la bande encollée à mi-largeur. Ensuite, border la fenêtre. Aplanir les surfaces à l'aide du plioir en intercalant un papier de protection pour éviter de lustrer le papier ou le tissu. Procéder de même pour les autres côtés.
6. Aux quatre coins de la fenêtre, les huit coupes à 45° sont juxtaposées.

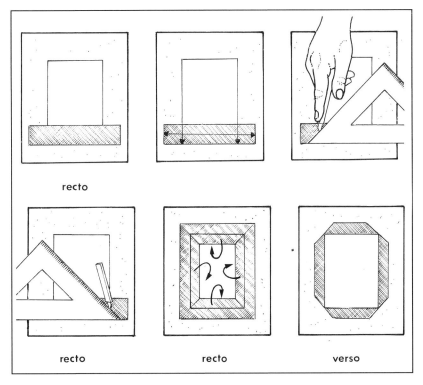

LE BISEAU ANGLAIS

Le biseau apporte de la profondeur à votre travail.

Il existe deux sortes de biseaux. Le biseau anglais, le plus courant et le plus facile à exécuter, est taillé dans l'épaisseur du carton bois.

Le biseau anglais, rêve apparemment inaccessible par sa difficulté d'exécution, est le souhait de tous les encadreurs amateurs. Que de cartons jetés, que de biseaux ratés à mes débuts, que de difficultés pour couper un biseau impeccable à main levée ! Avec persévérance, j'y suis parvenue, vous y parviendrez aussi...

Cependant, je préfère profiter d'une invention très astucieuse : j'utilise un cutter spécial qui s'adapte et glisse sur le rail de la règle antidérapante « du système de coupe » (voir page 15). Vos biseaux seront miraculeusement coupés à 45°. La réussite est assurée du premier coup, sans effort. Le cutter ne peut pas dérailler donc il est impossible de dévier, de rater une coupe.

BISEAU À MAIN LEVÉE

La plupart des encadreurs coupent les biseaux à main levée. Il faut avant d'y parvenir, couper beaucoup de cartons. De la force, de la persévérance et une grande habitude sont nécessaires.

Outils. Un réglet de 50 cm ou plus. Un serre-joint. Un cutter de forme coudée*.

Placer le carton parallèlement au bord de la table. Fixer le réglet sur le carton par un serre-joint placé à l'extrémité gauche. Le réglet doit être à environ 2 mm en retrait du tracé de la fenêtre. (Les professionnels fixent le réglet à la table par une simple vis, elle retient la règle qui reste amovible.)

Tenez fermement le cutter comme un crayon, puis enfoncez la lame (en biais) dans l'épaisseur du carton (5-6 mm). Inclinez-la dans le sens de la coupe à 45°. La lame longe étroitement le réglet, la main reste bien appuyée sur toute la longueur. Le geste doit être régulier et rapide, recommencez encore une fois si nécessaire.

Vous pouvez également vous servir du système de coupe à biseau en le tenant à main levée, la pente du biseau est très belle. Je l'utilise même pour les ronds, l'ovale, les courbes (voir page 102).

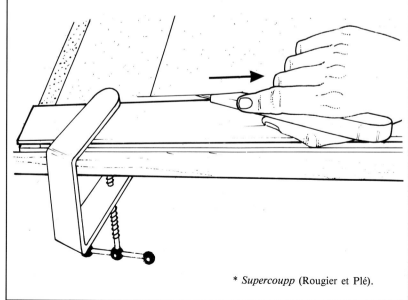

* *Supercoupp* (Rougier et Plé).

Carte postale. © Editions Cartes d'Art.
Biseau anglais bordé de papier rouge.
Cache habillé de papier journal.
Baguette moderne, noire, laquée.
Filets rouges en rappel du biseau.

INDISPENSABLE : LA MAQUETTE

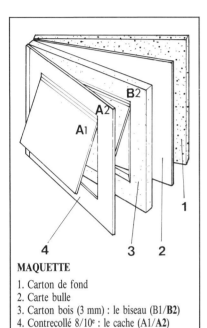

MAQUETTE
1. Carton de fond
2. Carte bulle
3. Carton bois (3 mm) : le biseau (B1/**B2**)
4. Contrecollé 8/10ᵉ : le cache (A1/**A2**)

Il est indispensable de réaliser une maquette de biseau à titre d'exercice. Ce prototype où seront inscrits tous les signes repères sera un précieux aide-mémoire.

**Pour une fenêtre-image
de 10 × 15 cm**
Largeur des marges sur les 4 côtés :
5 cm.
Mesures du carton de fond :
20 × 25 cm.

Tracés et repères du carton à biseau (B1/B2)
Marquer les côtés recto et verso du carton. Voir page 36.
Côté recto, à l'angle supérieur gauche, tracer une croix repère qui s'accolera lors des superpositions à la croix repère du contrecollé.
Côté verso, marquer au centre : B1 ; à l'angle supérieur droit : B2.
Tracer la largeur des marges (5 cm) à l'aide du compas porte-crayon.
Le rectangle central a les mesures exactes de la fenêtre-image :
10 × 15 cm.
Avec un crayon, traverser d'un trait franc un côté de la fenêtre. C'est un repère très important : après découpe de la fenêtre, il aidera à réemboîter avec précision les surfaces B1 et B2. Marquer huit croix repères à deux ou trois centimètres en retrait extérieur du tracé des angles. Ces croix correspondent à l'ouverture de la fenêtre. Ce prolongement de l'ouverture est indispensable, les angles seront plus nets. Ils seront recouverts ensuite par la superposition du contrecollé.
Sur la surface B1, dessiner quatre flèches pointées vers l'extérieur, face aux quatre traits qui délimitent la fenêtre. Elles indiquent le sens de la coupe à 45°.

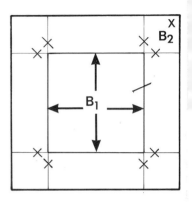

Ouverture de la fenêtre biseautée
Engager l'outil de coupe à 45° dans le rail droit de la règle spéciale, côté des graduations. Poser le système de coupe sur B1, à 25 mm en retrait intérieur de l'ouverture réelle.

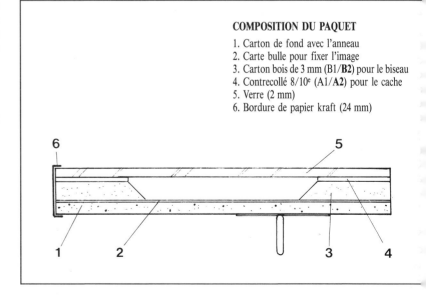

COMPOSITION DU PAQUET
1. Carton de fond avec l'anneau
2. Carte bulle pour fixer l'image
3. Carton bois de 3 mm (B1/**B2**) pour le biseau
4. Contrecollé 8/10ᵉ (A1/**A2**) pour le cache
5. Verre (2 mm)
6. Bordure de papier kraft (24 mm)

Pointer le cutter à hauteur de la croix repère supérieure de l'angle droit. De la main gauche, bien maintenir la règle, et de la droite tirer l'outil vers soi jusqu'à la croix repère inférieure.

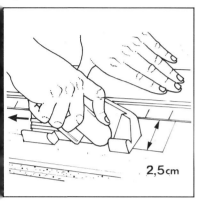

2,5 cm

Encore une fois, ne pas hésiter à dépasser les limites réelles de la fenêtre. C'est indispensable pour obtenir des angles nets. Recommencer plusieurs fois et progressivement jusqu'à traversée complète du carton. Procéder de même pour les autres côtés. B1 doit se détacher totalement. S'il reste accroché, remettre le système en place et couper à nouveau avec un peu plus d'insistance.

Côté recto du carton, le biseau de la fenêtre est parfaitement coupé à 45°.

Astuce. Si par erreur, l'ouverture de la fenêtre du carton bois a été mal calculée, emboîtez à nouveau les cartons B1 et B2. Refermez la coupe avec une bande de kraft. Ouvrez une nouvelle fenêtre, le carton sera recouvert par le contrecollé.

Tracés et repères du contrecollé (A1/A2)

Côté verso, marquer les repères : A1 au centre ; A2 et une croix repère à l'angle supérieur droit.

Superposer le contrecollé et le carton à biseau, B1/B2 bien emboîtés. Vérifier la continuité du trait repère de la fenêtre. S'assurer de la parfaite superposition des cartons en les emboîtant dans l'angle de l'équerre.

Du bout des doigts de la main gauche, retenir fermement B1 qui ne doit pas bouger d'un millimètre. Dégager B2 (le laisser autour de son bras, par exemple). Tracer le contour de B1 avec un crayon gras épais (1 mm). Ce tracé est celui de l'ouverture du cache.

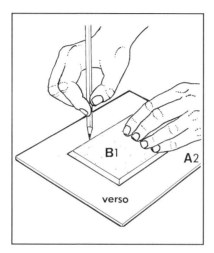

B1   A2

verso

Découpe de la fenêtre du cache

Avec un crayon, traverser d'un trait franc un côté de la fenêtre : c'est un repère. Ensuite, la règle sur la marge gauche du contrecollé. Découper la fenêtre à l'extérieur du trait de crayon, qui doit rester sur A1.

Après l'habillage des biseaux, lors de la composition du paquet, les croix repères du carton à biseau et du contrecollé se retrouveront en vis-à-vis.

Les mesures finales

Ainsi l'ouverture de la fenêtre du biseau est aux mesures exactes de la fenêtre-image. Par contre, côté recto des cartons, les marges du carton à biseau et du cache sont diminuées d'environ 4 mm :

− 3 mm : la pente du biseau,
− 1 mm : la largeur du trait de crayon.

La largeur du tracé permet d'agrandir l'effet optique du biseau. Dans le calcul des mesures, il faut donc prévoir ces retraits.

BISEAU DIRECT

On peut choisir un contrecollé comme carton à biseau. Dans ce cas, on n'aura pas à habiller le carton. Mais la coupe doit être exacte.

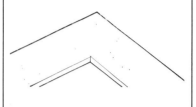

Plusieurs superpositions de contrecollés coupés en biseau direct sont du plus joli effet.

Les cartons recommandés pour réaliser un biseau direct sont d'une épaisseur de 15/10e, d'âme tendre, de tranche lisse et blanche. (Voir page 20).

Le tracé des marges et l'ouverture de la fenêtre se font côté verso du contrecollé sans dépasser le tracé des angles.

Pour une coupe de précision, utiliser le système de coupe avec le cutter à 45°.

*Photographie noir et blanc
mise en valeur sur un biseau inverse
collé directement au fond de cache.
Cache en carton bois coupé en biseau direct
et surélevé pour donner de la profondeur
et créer l'ombre de la fenêtre
Profil de cet encadrement page 106.
Cartons peints à la gouache grise
et frottés avec un chiffon
pour donner des effets irréguliers.
Le cadre a été agrémenté de bandes de papier noir
pour accentuer les rayures de la photo*

Pastel.
Cache en tissu blanc cassé
pour ne pas nuire
aux couleurs du pastel.
Fenêtres à pans coupés.
Biseau recouvert de papier or
vieilli par des mouchetures
de couleur verte.
Les teintes or et vert du cadre
rappellent les couleurs du paysage.
Photo L.B.M.

HABILLAGE DES BISEAUX

L'habillage des biseaux est plus facile avec l'encollage à sec. Si vous utilisez de la colle, assurez-vous du sens d'allongement du papier (voir page 40.

Les mesures pour une fenêtre-image de 15 × 10 cm
Largeur des bandes : environ 2 cm,
Longueur des bandes :
– Grands côtés : 15 cm + 2 cm.
Les extrémités de la bande seront glissées dans la fente prolongeant l'ouverture de la fenêtre.
– Petits côtés : 10 cm + 4 cm.
Les extrémités de la bande seront recoupées à 45° à partir des points de repères.

Coupe des bandes
les plus courtes
Utiliser une équerre ou un gabarit d'angle.
Poser le carton, verso face à soi.
Placer le côté de la bande à ras de la fenêtre. Tracer deux lignes dans le prolongement des deux grands côtés de la fenêtre.
Au tiers supérieur de la largeur de la bande, tracer une ligne. Aux deux intersections, pointer les repères de la coupe à 45°.
Placer la base de l'équerre sur la bande, l'oblique gauche face au point repère gauche. Couper les extrémités à 45°.
Procéder de même pour le côté droit de la bande.
Pour border le biseau avec plus de précision, rectifiez la pente à 45° en supprimant 1 mm en retrait intérieur à chaque extrémité.

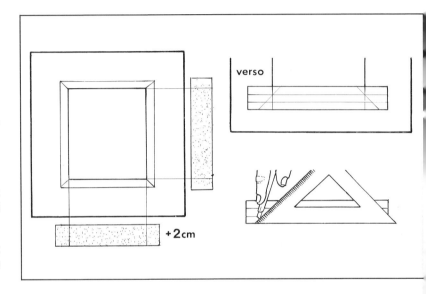

verso

+2cm

UTILISATION DU GABARIT D'ANGLE

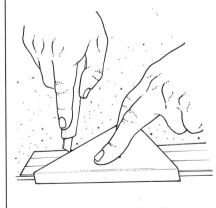

Le gabarit d'angle peut remplacer l'équerre. Pour les repères, suivre les explications de ces pages. Placer la bande à ras du bord de la table. Superposer le gabarit d'angle en chevauchant l'épaisseur de la table. Placer le gabarit au point repère gauche de la bande. Tracer l'oblique gauche. Pour tracer l'oblique de droite, piquer d'abord au poinçon le repère droit de la bande, afin que le repère soit visible du côté recto. Retourner la bande côté recto, tracer et couper cette deuxième extrémité en passant par le repère. Pour un meilleur habillage des biseaux, supprimer en diagonale 1 mm à chacune des extrémités de la bande.

Pose des bandes, grands côtés

Côté recto face à soi, glisser les extrémités des bandes les plus longues dans l'ouverture supplémentaire des angles. Bien appuyer sur le biseau. Border la largeur de chaque côté de la fenêtre. Se servir du plioir pour aplanir les surfaces, prendre soin d'intercaler une feuille de protection afin d'éviter de lustrer le papier ou le tissu.

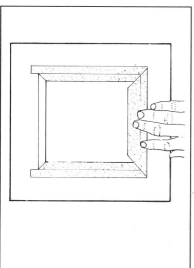

COMMENT VIEILLIR LE PAPIER DORÉ

Pour recouvrir les biseaux, on utilise souvent du papier doré. Il existe des papiers simples, à surface unie, or ou argent, et une qualité « supérieure », où une feuille de cuivre or ou argent est contrecollée sur kraft.
Les papiers or, très brillants, gagnent à être vieillis. On en trouve dans le commerce mais ils ne sont pas aussi beaux que ceux que l'on vieillit soi-même à la main.

Pour le premier essai, coupez une bande d'environ 10 cm de large. Sur toute sa longueur, grattez la surface avec un papier de verre fin, le clinquant s'estompera. Pour le papier doré à la feuille de cuivre, grattez la surface en suivant le sens des vergeures. Ensuite, vous passerez de la couleur (brou de noix ou encre de Chine) sur l'or. Il existe différents procédés qui donnent des effets différents.

A l'éponge. *Grattez le papier dans le sens de fabrication. Voir page 40. Humidifiez une éponge naturelle à gros trous. Dans une assiette, mettez quelques gouttes de brou de noix et humectez l'éponge avec. Tapotez la surface du papier en recherchant des effets : l'éponge imprime des dessins.*

Si vous n'êtes pas satisfait du résultat, rincez l'éponge, effacez tout et recommencez.
Il est possible, une fois la première couleur sèche, de superposer une autre couleur. A l'inverse, on peut aussi poser la deuxième couleur sans attendre que la première soit sèche pour faire fuser les teintes entre elles.

Au pinceau. *Grattez légèrement le papier. Avec un vieux pinceau ou une brosse à dents à peine imbibés d'eau, tracez des traits. Il est préférable qu'ils soient dans le même sens, mais ils peuvent également s'entrecroiser, tout dépend de l'effet recherché.*

Mouchetures. *Une fois le papier gratté, prenez une vieille brosse à dents, faites gicler du brou de noix ou de l'encre de Chine sur la feuille. Vous obtiendrez des pointillés irréguliers.*

En froissant. *Mouillez complètement la feuille, mettez-la en boule en la froissant. Rouvrez la feuille en l'aplanissant bien et passez de l'encre ou du brou de noix à l'éponge. Le liquide s'imprégnera dans les veinures du papier.*

Pour border les **petits côtés,** placer parfaitement les extrémités aux angles biseautés de la fenêtre.

Conseil

On peut fabriquer soi-même une petite équerre en papier ou en carte. Rectifier sa largeur inférieure, en supprimant de chaque côté 1 mm en oblique. Cette modification permet un habillage plus exact du biseau.

BISEAU ANGLAIS À SOUS-CARTES

Précision, concentration, netteté, sont à la base de la réussite de la sous-carte. Biseau et sous-carte peuvent être peints, ou bordés de papier ou de tissu. L'intérêt est de rechercher des coordonnés. Par exemple : cache et biseau de même teinte, le filet de la sous-carte dans le coloris de la baguette, ou en harmonie avec une couleur du sujet.

Le raffinement des sous-cartes dépend de la régularité des filets. Il exige une grande précision.

Ouvrir les fenêtres des cartes et des contrecollés uniquement sur une plaque de verre. Elle aide à rendre les coupes plus faciles, plus nettes, sans altérer la pointe du cutter.

Pour la découpe des fenêtres de la sous-carte et du contrecollé, il est préférable de fixer le réglet (ou la règle) par un ou deux serre-joints afin de ne pas dévier.

Le filet de la sous-carte peut avoir de 2 à 5 mm de large.

Pour fixer les différents cartons entre eux, poser sur les versos une fine bande d'adhésif double face à 2 mm en retrait des ouvertures. Elle permet de remettre les cartons en place sans les tacher.

BISEAU À SOUS-CARTE INTÉRIEURE

La sous-carte (A1/A2). Elle est aux mesures de la fenêtre-image. Côté verso, tracer les marges. Découper la fenêtre.

Carton à biseau (B1/B2). Les cartons côtés versos vers soi, superposer le carton et A2. S'assurer de la parfaite superposition des cartons. Avec un porte-mine très fin, tracer le contour de la fenêtre. Avec précision, faire un second tracé à 3 mm en retrait extérieur du précédent. Ouvrir la fenêtre en biseau (45°) en suivant le second tracé.

Contrecollé (C1/C2). Les cartons côté verso vers soi, superposer le contrecollé et B1/B2 bien emboîtés. Dégager B2. Avec un crayon épais (1 mm), tracer le contour de B1. Découper la fenêtre à l'extérieur du trait, sans dépasser les angles. Border la sous-carte et le biseau.

Lors des superpositions des cartons, s'assurer de la régularité du filet de la sous-carte (3 mm précisément). Composer le paquet.

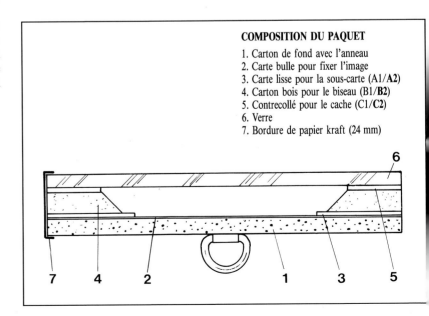

COMPOSITION DU PAQUET
1. Carton de fond avec l'anneau
2. Carte bulle pour fixer l'image
3. Carte lisse pour la sous-carte (A1/**A2**)
4. Carton bois pour le biseau (B1/**B2**)
5. Contrecollé pour le cache (C1/**C2**)
6. Verre
7. Bordure de papier kraft (24 mm)

Pastels de Gustave Baudelet.
Cache habillé de papier terre de Sienne.
Biseau bleu foncé en rappel de la baguette du cadre.
Sous-carte extérieure et filet bleu ciel.
Baguette moderne laquée bleu marine, filets ciel en écho aux couleurs de pastel.

BISEAU À SOUS-CARTE EXTÉRIEURE

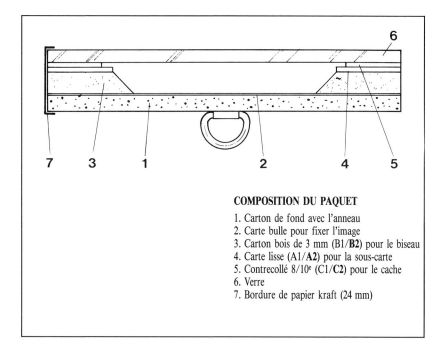

COMPOSITION DU PAQUET

1. Carton de fond avec l'anneau
2. Carte bulle pour fixer l'image
3. Carton bois de 3 mm (B1/**B2**) pour le biseau
4. Carte lisse (A1/**A2**) pour la sous-carte
5. Contrecollé 8/10ᵉ (C1/**C2**) pour le cache
6. Verre
7. Bordure de papier kraft (24 mm)

Carton à biseau (B1/B2). Côté verso, tracer la largeur des marges. Ensuite, découper la fenêtre à 45°.

Carte lisse (A1/A2). Côtés versos vers soi, superposer la carte lisse (sous-carte) et le biseau, les surfaces B1 et B2 bien emboîtées. Oter B2. Tracer le contour de B1 avec un crayon épais (1 mm). A l'extérieur du trait du crayon, découper la fenêtre en dépassant les angles de 1 à 2 mm : la coupe sera plus nette.

Contrecollé (C1/C2). Les cartons côtés versos vers soi, superposer le contrecollé et A2. S'assurer de la parfaite superposition des cartons en les emboîtant dans l'angle de l'équerre. Avec un porte-mine très fin (0,3 ou 0,5), tracer avec précision le contour de la fenêtre. Ensuite faire un second tracé à 3 mm en retrait extérieur par rapport au précédent. Sans dépasser les angles, découper la fenêtre suivant le second tracé. La fenêtre du contrecollé ainsi agrandie laisse apparaître le filet de la sous-carte.

Montage. Appliquer quelques touches de colle entre les cartons pour les fixer. A l'encollage, s'assurer de la parfaite superposition des fenêtres, le filet de la sous-carte doit être régulier. Réaliser le paquet, puis le cadre.

BISEAU À SOUS-CARTES INTÉRIEURE ET EXTÉRIEURE

Procéder exactement comme pour le biseau à sous-carte intérieure puis comme pour le biseau à sous-carte extérieure. Ouvrir d'abord le carton D1/D2, puis B1/B2, puis A1/A2 et enfin C1/C2.

COMPOSITION DU PAQUET

1. Carton de fond avec l'anneau
2. Carte bulle pour fixer l'image
3. Carte lisse pour la sous-carte intérieure (D1/**D2**)
4. Carton à biseau (B1/**B2**)
5. Carte lisse pour la sous-carte extérieure (A1/**A2**)
6. Contrecollé pour le cache (C1/**C2**)
7. Verre
8. Bordure de kraft gommé (24 mm)

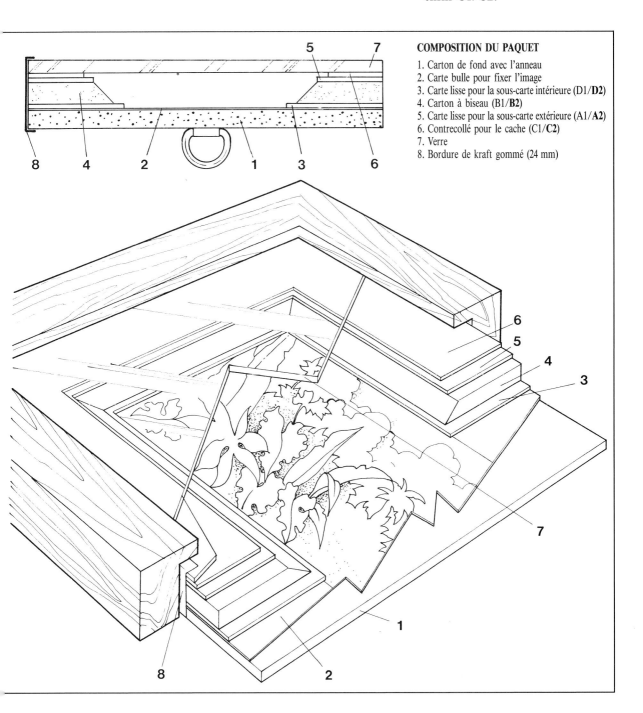

*La mort aux rats.
Biseaux à fenêtre
inégales (page 86).
Biseaux teints
au brou de noix.
Caches habillés
de papier Roma.
Baguette jonc caisse,
acajou mat.*

UX, EN 1820

Papyrus.
Biseaux à fenêtre agrandie (page 86).
Le papyrus est fixé sur un fond de cache
(tissu rouille).
Cache et biseau de la même couleur rouille.
Sous-carte extérieure noire.
Baguette de jonc noir laqué.
Toutes les couleurs entrant dans l'encadrement
rappellent celles du motif égyptien.

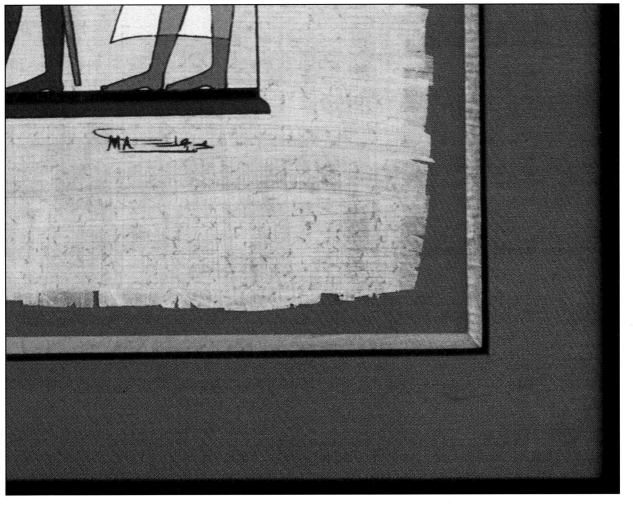

BISEAU
À FENÊTRE
AGRANDIE

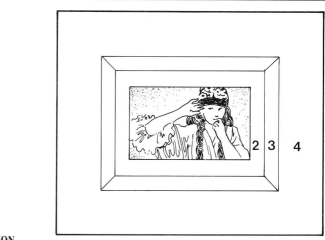

Il augmente les dimensions du sujet grâce à la marge qui le sépare du biseau. En général, l'espace entre les deux est de 15 à 20 mm.

Pour une carte postale
de 14 × 8,5 cm
Retrait entre l'image et le biseau : 1,5 cm.
Mesures de la fenêtre-image (image + retrait) :
− 14 + 1,5 + 1,5 = 17 cm
− 8,5 + 1,5 + 1,5 = 11,5 cm
Largeur des marges :
− supérieure et inférieure : 6 cm
− sur les côtés : 4 cm.
Mesures du carton de fond (fenêtre-image + marges) :
− 17 + 6 + 6 = 29 cm
− 11,5 + 4 + 4 = 19,5 cm.

Carton à biseau (B1/B2). Côté verso, tracer la largeur des marges. Découper la fenêtre en biseau à 45°.

Contrecollé (A1/A2). Les cartons côté verso vers soi, superposer le contrecollé et les surfaces B1/B2 bien emboîtées. Dégager B2 sans déplacer B1. Avec un crayon épais, tracer le contour de B1. Découper la fenêtre à l'extérieur du trait de crayon. Fixer l'image bien centrée sur A1. Laisser le biseau naturel.

Montage. Assembler A2 et B2. Afin que l'image fixée sur A1 soit bien centrée par rapport à B2, appliquer une bande de double face* sur le verso de B2 à 2 mm en retrait de l'ouverture. L'espace entre l'image et le biseau est de 15 mm précisément. Composer le paquet. Choisir des baguettes en sycomore, de couleur ivoire comme la teinte naturelle du biseau.

* *Gudy V* en 9 mm.

COMPOSITION
DU PAQUET
1. Carton de fond avec l'anneau
2. Contrecollé (**A1**/A2), support de l'image
3. Carton à biseau (B1/**B2**)
4. Contrecollé A1/**A2** pour le cache
5. Verre (2 mm)
6. Bordure de kraft gommé (24 mm)

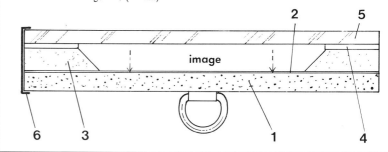

BISEAUX
À FENÊTRES INÉGALES

Cet encadrement est fait de la superposition de deux cartons à biseaux et de deux caches. L'ouverture de la fenêtre du second biseau est en retrait extérieur de 15 mm par rapport à celle du premier. L'intérêt est de choisir des contrecollés de deux couleurs différentes. Voir page 84.

Pour une fenêtre-image
de 14,5 × 10 cm
Largeur des marges : 6 cm.
Retrait entre les deux fenêtres : 1,5 cm.
Mesures du carton de fond :
− 14,5 + 6 + 6 = 26,5 cm
− 10 + 6 + 6 = 22 cm.

86

Marquer les traits et les croix repères des cartons.

Carton à biseau (B1/B2). Côté verso vers soi, tracer la largeur des marges (6 cm). Découper la fenêtre en biseau.

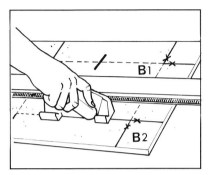

Contrecollé (A1/A2). Les cartons côté verso vers soi, superposer le contrecollé et B1/B2 bien emboîtés. Enlever B2.

Avec un crayon épais (1 mm), tracer le contour de B1. Découper la fenêtre du contrecollé à l'extérieur du trait de crayon.

Carton à biseau (C1/C2). Les cartons côté verso vers soi, superposer le carton à biseau et A2. Avec un porte-mine très fin, tracer avec précision le contour de la fenêtre.

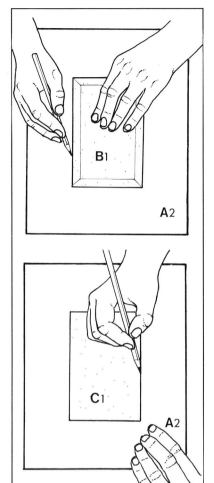

Puis, faire un second tracé à 15 mm en retrait extérieur. Découper la fenêtre en biseau à 45° suivant ce second tracé.

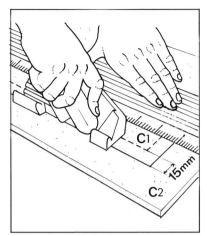

Contrecollé (D1/D2). Les cartons côté verso vers soi, superposer le contrecollé et C1/C2 bien emboîtés. Avec un crayon épais, tracer le contour de C1. Découper la fenêtre à l'extérieur du trait de crayon.

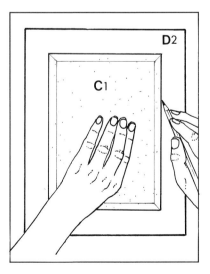

Montage. Border les biseaux. Fixer les cartons entre eux par quelques touches de colle pour constituer le paquet.

COMPOSITION DU PAQUET

1. Carton de fond avec l'anneau
2. Carte bulle pour fixer l'image
3. Carton à biseau (B1/**B2**)
4. Contrecollé 8/10e (A1/**A2**) bordeaux pour le premier cache
5. Carton à biseau (C1/**C2**)
6. Contrecollé 8/10e (D1/**D2**) gris pour le deuxième cache
7. Verre
8. Bordure de kraft (36 mm)

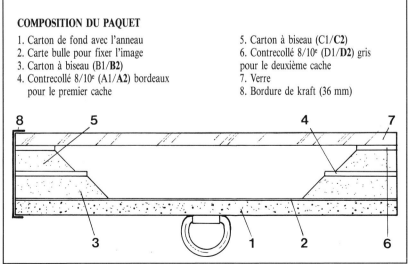

Biseau à bandes superposées (voir page 91).
Présentation moderne et dynamique pour une photo de mariage.
Superposition de douze bandes entrecroisées permettant des effets de profondeur et d'ombre. Caches en contrecollé blanc 8/10ᵉ.
Les biseaux sont bordés de papier doré usé.
Baguette caisse plat doré usé.

*Biseaux et sous-cartes à fenêtres superposées.
La superposition de quatre biseaux et de cinq
sous-cartes donne une grande profondeur.
L'image en relief est fixée sur un fond de cache
du même tissu que les biseaux et le cache.
Les sous-cartes sont peintes en doré, ou sont
habillées de tissu.
Cadre pyramidal, style 1930.*

BISEAUX
À FENÊTRES SUPERPOSÉES

Nous superposerons deux épaisseurs ou plus de cartons à biseau pour donner à la fenêtre une double profondeur. La réalisation est simple, et convient également pour encadrer des sujets en relief (voir page 89).

Les biseaux seront bordés ensemble ou séparément, suivant l'effet recherché. Les bandes devront avoir 3 cm de large pour border les deux biseaux ensemble.

**Pour une fenêtre-image
de 11 × 14 cm :**
Largeur des marges :
– trois côtés : 4,5 cm
– marge inférieure : 6,5 cm
Mesures du carton de fond :
– 11 + 4,5 + 4,5 = 20 cm
– 14 + 4,5 + 6,5 = 25 cm.

Marquer les cartons, les croix, le lettres et les traits repères. Décou per la fenêtre du contrecollé et de cartes lisses sur une plaque de verre la coupe sera plus nette.

Carton à biseau (B1/B2). Côté vers vers soi, tracer la largeur des mar ges, découper la fenêtre à 45°.

Carton à biseau (A1/A2). Côté versos vers soi, superposer les deu cartons à biseaux A1/A2 et B1/B bien emboîtés. Enlever B2. Avec u porte-mine très fin, tracer le contou de B1. Découper la fenêtre suivan ce tracé.

Contrecollé (C1/C2). Côtés verso vers soi, superposer le contrecoll C1/C2 et A1/A2 bien emboîtés Avec un crayon épais (1 mm), tra cer le contour de A1. Découper l fenêtre du contrecollé C2 san dépasser les angles. La surface C doit se détacher en emportant le tra de crayon.

Remarque. Après la coupe, la lar geur des marges du cache est dimi nuée de deux fois la largeur d biseau plus une fois la largeur d trait de crayon par rapport à l fenêtre-image. Le retrait peut varie de 7 à 8 mm.

COMPOSITION DU PAQUET

1. Carton de fond avec l'anneau.
2. Carte bulle pour fixer l'image.
3. Carton à biseau (B1/**B2**).
4. Carton à biseau (A1/**A2**).
5. Contrecollé 8/10ᵉ (C1/**C2**) pour le cache.
6. Verre (2 mm).
7. Bordure kraft gommé (36 mm).

BISEAUX
À BANDES SUPERPOSÉES

Ce style convient à un sujet qui gagnera à être présenté en creux : photo, imagerie, ou objet ayant un certain relief. Voir page 88.

C'est un encadrement spectaculaire et facile à réaliser. Il faut prévoir une baguette spéciale (une « caisse ») ou une baguette à vitrine à montant de feuillure important (33 mm). Si le montant de feuillure du cadre ne suffit pas à emboîter l'épaisseur du paquet, peindre ce qui dépasse dans la couleur de la baguette.

Pour une photo de 21 × 16,5 cm
Contrecollé blanc, biseaux dorés, baguette dorée.
Largeur des bandes superposées : 7 cm, 6 cm et 5 cm.
Mesures du carton de fond : 28 × 23,5 cm.

Préparation des bandes biseautées.
Il est plus facile de découper les bandes en utilisant un grand carton bois, et d'utiliser le système de coupe. Réaliser une première coupe à 45°. Côté verso, tracer la largeur des bandes intérieures (7 cm) et couper avec le cutter à 90° deux bandes de 28 cm et deux bandes de 23,5 cm. Procéder de même pour les bandes de 6 et 5 cm de large.

Border les biseaux. Chaque bande biseautée est recouverte d'une bande de contrecollé légèrement plus étroite (sa largeur diminuée du biseau et de 1 mm).

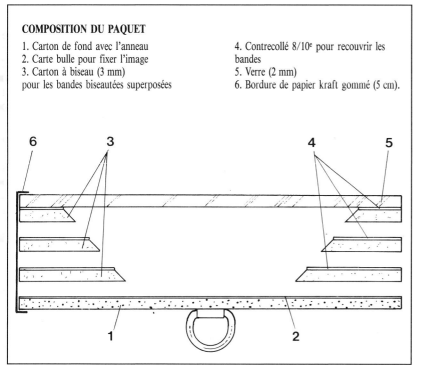

COMPOSITION DU PAQUET

1. Carton de fond avec l'anneau
2. Carte bulle pour fixer l'image
3. Carton à biseau (3 mm)
pour les bandes biseautées superposées

4. Contrecollé 8/10ᵉ pour recouvrir les bandes
5. Verre (2 mm)
6. Bordure de papier kraft gommé (5 cm).

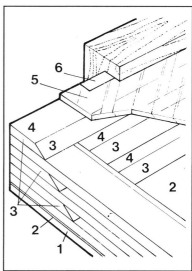

Construction du paquet. Composez le paquet en superposant les grandes largeurs, les moyennes, les plus étroites, en encollant les angles entre les cartons.

BISEAUX À PANS COUPÉS AVEC SOUS-CARTES

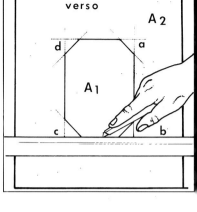

La fenêtre et les sous-cartes à pans coupés apportent un grand raffinement à un encadrement. Le résultat est spectaculaire et dépend de la régularité des filets intérieur et extérieur des sous-cartes. La superposition des différentes fenêtres à pans coupés exige une grande précision des tracés et des coupes.

Le carton intermédiaire de 3 mm d'épaisseur sert de support pour surélever les cartons de la fenêtre. Son rôle est de créer un espace vide, un creux, une profondeur où se glisse l'ombre de la fenêtre pour embellir son ouverture. Ses marges plus étroites (10 à 15 mm) que celles du carton à biseau le rendent totalement invisible. La coupe de la fenêtre est droite (90°). Ce carton peut être remplacé par quatre bandes disposées tout autour.

Mesures pour une gravure de dimensions extérieures 20 × 15 cm
Mesures de la fenêtre-image :
17 × 12 cm
La fenêtre-image est donc plus petite que l'image (de 15 mm tout autour). Ces 15 mm disparaîtront dans l'ombre de la fenêtre.
Largeur des marges : 5,5 cm.
Largeur du carton intermédiaire : 4 cm.
Mesures du carton de fond :
28 × 23 cm.
Largeur du filet de la sous-carte : 3 mm.

Marquer les côtés recto et verso des cartons, les traits et les croix repères.

Découpe des fenêtres à pans coupés
Découper les fenêtres des cartes et contrecollés sur une plaque de verre, la coupe sera plus nette.

Carte lisse (A1/A2). Côté verso vers soi, tracer les marges (5,5 cm). Ensuite, à 3 cm des angles de la fenêtre, marquer huit points de repères. Tracer les lignes a, b, c et d passant par les repères. Découper la fenêtre au-delà des intersections des tracés (2 mm environ), les angles seront plus nets.

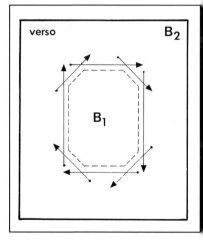

Carton à biseau (B1/B2). Côté verso vers soi, superposer le carton et A2. Avec un porte-mine très fin, tracer le contour de la fenêtre. Avec précision, faire un second tracé à 3 mm en retrait extérieur. Découper la fenêtre en biseau à 45° sur ce deuxième tracé, en prolongeant le trait de coupe jusqu'à 1 ou 2 cm à l'extérieur.

COMPOSITION DU PAQUET

1. Carton de fond avec l'anneau
2. Carte bulle pour fixer l'image
3. Carton intermédiaire (bois ou carton plume de 3 mm) pour surélever les cartons suivants
4. Carte lisse pour la sous-carte intérieure (A1/**A2**)
5. Carton à biseau (3 mm) (B1/**B2**)
6. Carte lisse pour la sous-carte extérieure (C1/**C2**)
7. Carte lisse pour le cache (à habiller) (D1/**D2**)
8. Verre (2 mm)
9. Bordure de kraft gommé (36 mm).

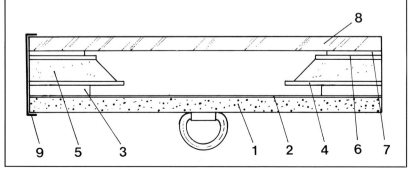

Gravure ancienne.
Biseau et sous-carte habillés de tissu bleu foncé et rouge
en rappel de l'uniforme du cavalier.
Cache en suédine, couleur de la robe du cheval.
Cadre style florentin, bleu foncé et or vieilli.

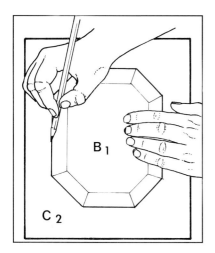

Carte lisse (C1/C2). Côtés versos vers soi, superposer la carte et B1/B2 bien emboîtés. Dégager B2. Avec un crayon épais (1 mm), tracer le contour de B1. A l'extérieur du trait, découper la fenêtre au-delà des intersections.

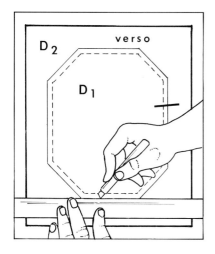

Carte lisse (D1/D2). Côtés versos vers soi, superposer la carte et la fenêtre C2. Avec un porte-mine très fin, tracer le contour de la fenêtre. Faire un second tracé à 3 mm en retrait extérieur. Découper l'ouverture en suivant ce second tracé au-delà des intersections.

Habillage des cartons. Avec du tissu contrecollé sur papier, border A2 et C2 en rouge foncé, et B2 en bleu soutenu. Ces deux teintes sont en harmonie avec le costume du cavalier. Habiller D2 en tissu imitation daim (suédine) du même brun que la robe du cheval.

Habillage des biseaux à pans coupés. Habiller d'abord les côtés 1,2,3,4. Glisser les extrémités des bandes dans le prolongement des découpes. Puis faire un patron pour chaque pan coupé. Glisser à mi-largeur une bande de papier sous le biseau correspondant, prolonger les traits des angles pour obtenir le sens des tracés. Les coupes doivent correspondre avec précision aux angles biseautés.

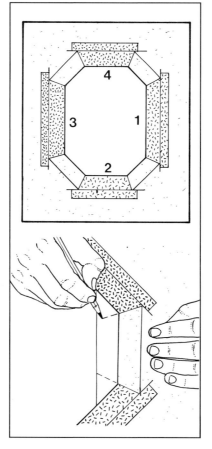

Montage. Pour le paquet, s'assurer à l'encollage de la parfaite superposition des fenêtres. Les filets doivent faire régulièrement 3 mm d'épaisseur.

Cadre. C'est un cadre acheté tout fait, de 5,5 cm de largeur, peint en vieil or, la partie centrale de la moulure est bleu soutenu. Le paquet est retenu dans la feuillure du cadre par quatre tournettes en fil d'acier ressort fixées par vis (3,5 × 12).

BISEAUX
À FENÊTRES MULTIPLES

Les mesures et les formes des fenêtres peuvent être différentes.

Mesures pour deux dessins
(l'un avec des chiens, l'autre avec
les chats par exemple).
Fenêtre-image (B1) (chiens) :
12 × 10 cm.
Fenêtre-image (B'1) (chats) :
14,4 × 10 cm.
Marges : 4,5 cm.
Espace entre les deux dessins :
3,5 cm (biseaux compris).
Mesures du carton de fond et de
tous les cartons :
– Largeur = marge + largeur B1
+ espace + largeur B'1 + marge,
soit : 4,5 + 10 + 3,5 + 14,5 + 4,5
= 37 cm
– Hauteur = marge + hauteur
images + marge,
soit : 4,5 + 10 + 4,5 = 19 cm.

Découpe des cartons
La fenêtre des chiens est prévue à
gauche, celle des chats à droite.
Pour obtenir cette disposition, il
faut prévoir exactement l'inverse
lors des tracés, puisqu'on travaille
sur les versos des cartons.

Carton à biseau (B1/B2). Côté
verso, tracer les différentes largeurs,
la fenêtre des chiens à droite, celle
des chats à gauche, entre les deux un
espace de 3,5 cm.
Découper les fenêtres à 45°.

Contrecollé (A1/A2). Côtés versos
vers soi, superposer le contrecollé,
A2 et les deux cartons B1 bien

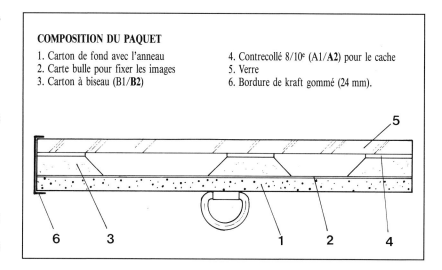

COMPOSITION DU PAQUET

1. Carton de fond avec l'anneau
2. Carte bulle pour fixer les images
3. Carton à biseau (B1/**B2**)
4. Contrecollé 8/10ᵉ (A1/**A2**) pour le cache
5. Verre
6. Bordure de kraft gommé (24 mm).

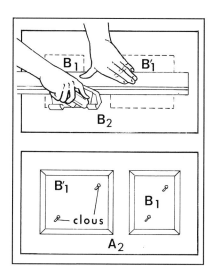

emboîtés. Fixer provisoirement les
deux surfaces B1 au contrecollé
A1/A2 avec 2 ou 3 clous par fenêtre. Dégager B2.

Avec un crayon épais (1 mm), tracer les contours des surfaces B1.
Oter les surfaces B1. Découper les
fenêtres sans dépasser les angles.
Border les biseaux. Encoller légèrement les cartons pour constituer le
paquet.

Remarque
L'espace entre les deux images est
diminué de :
– la pente des biseaux
(2 fois 3 mm),
– l'épaisseur des traits de crayon
(2 fois 1 mm).
La largeur des marges extérieures est
diminuée de la pente du biseau
(3 mm) et de la largeur du trait de
crayon (1 mm).

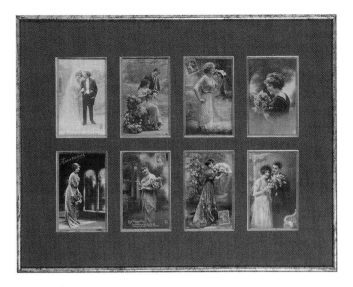

*Collection de cartes postales anciennes.
Biseau à fenêtres multiples (page 95).
Les biseaux ont été recouverts de papier
or vieilli.
Cache en contrecollé marron foncé.
Baguette dorée craquelée.*

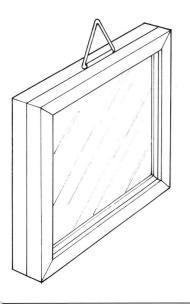

BISEAUX POUR ENCADREMENT DOUBLE FACE

Cet encadrement permet d'exposer tout document présentant un intérêt des deux côtés : diplômes, manuscrit, partitions musicales, dessins, dentelles, etc. Il offre également la possibilité d'adosser deux documents différents. Dans ce cas, coller les deux images de part et d'autre d'une carte bulle.

Deux cadres sont nécessaires puisque ce sont deux fenêtres adossées l'une à l'autre. Il est prudent de calculer l'épaisseur des différents éléments composant le paquet avant d'acheter les baguettes. En effet, les feuillures des deux cadres doivent correspondre à l'épaisseur du paquet. Les montants peuvent être différents, à la condition que l'addition des deux feuillures corresponde à l'épaisseur du paquet.

Les cadres ne sont pas obligatoirement identiques, les moulures peuvent être différentes. Pour obtenir les montants de feuillure nécessaire, certains fournisseurs acceptent de détalonner l'une des baguettes.

Mesures pour une fenêtre-image de 14,5 × 10 cm
Marges : 5 cm.
Mesures du paquet : 24,5 × 20 cm.

Marquez bien les repères : rectos et versos des cartons, numéros des superpositions, croix repères des vis-à-vis intérieurs.

Carton à biseau B1/B2. Côté verso, tracer la largeur des marges, découper la fenêtre en biseau à 45°.

Carton à biseau A1/A2. A1/A2 posé côté verso vers soi, lui superposer B2 côté recto vers soi. Avec un porte-mine très fin, tracer le contour de la fenêtre et l'ouvrir à 45°.

Contrecollé C1/C2. Les côtés versos vers soi, superposer C1/C2 et B1/B2 bien emboîtés. Oter B2. Avec un crayon épais (1 mm), tracer le contour de B1. A l'extérieur du trait de crayon, découper la fenêtre sans dépasser les angles.

Contrecollé D1/D2. Les cartons côtés versos vers soi, superposer D1/D2 et A1/A2 bien emboîtés. Oter A2. Avec un crayon épais, tracer le contour de A1. Découper la fenêtre.

Montage. Border les biseaux. Fixer l'image au dos d'un des cartons à biseau (voir page 61). Encoller très légèrement les différentes superpositions des cartons et composer le paquet.

Les attaches. Suivant l'importance des cadres, incruster une ou deux attaches triangulaires au talon d'un des cadres. Fixer les cadres en les encollant. Clouer les angles. Relier les attaches par une petite chaîne dorée.

COMPOSITION DU PAQUET

Pour une image à monter recto et verso.
1. Verre (2 mm)
2. Contrecollé (C1/**C2**) pour un cache
3. Carton à biseau (B1/**B2**)
4. Image
5. Carton à biseau (A1/**A2**)
6. Contrecollé (D1/**D2**) pour un cache
7. Verre (2 mm)
8. Bordure de kraft gommé (36 mm).

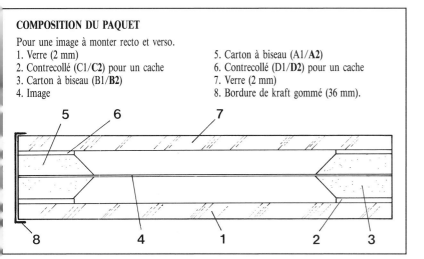

BISEAU INVERSÉ

Le biseau inversé est un de ces encadrements spectaculaires que vous ne rencontrerez que très rarement. Dommage ! Il est idéal pour mettre en valeur un sujet dans son intégralité.

Le biseau inversé se construit comme une vitrine. C'est une variante de la boîte montée.

Comme son nom l'évoque, il est l'inverse du biseau simple. On se sert dans l'un de ce que l'on jette dans l'autre : la surface centrale B1. Le biseau simple présente en creux, le biseau inversé projette l'image en avant.

Le biseau inversé peut être directement posé sur le fond de cache, mais il est nettement plus spectaculaire rehaussé. Pour cela, on colle un ou deux cartons sous la plate-forme du biseau inversé. Ce support donne du relief.

Si le papier de l'image est assez épais, il n'est pas nécessaire de la coller sur une carte lisse. On la colle alors directement sur la plate-forme biseautée et bordée.

Le support du biseau. C'est un carton bois, plus petit que le biseau (1 ou 2 cm en longueur et en largeur) : il ne doit pas être visible. Pour éviter que la tranche du carton s'ébarbe, passer un peu de colle blanche sur les bords avant de le fixer. (Pour plus de relief, le support peut être composé de deux cartons collés ensemble). Encoller les deux faces du support de préférence avec de l'adhésif double face.

Les hausses sont en carton bois de 2 mm. Elles sont habillées en général de la même matière que le fond de cache (contrecollé, papier ou tissu). Collées contre le montant de la feuillure, elles permettent de fixer le verre à l'intérieur du cadre et de créer l'espace nécessaire aux différents éléments.

Conseil. Il est plus facile d'habiller au préalable une certaine surface de carton en pratiquant l'encollage à sec, puis d'y découper les hausses à la largeur nécessaire. Le travail sera plus simple et plus précis.

Le carton de fond et le fond de cache. Le fond de cache peut être un contrecollé tout prêt ou personnalisé (carte lisse habillée). Fixer l'anneau au carton de fond, puis superposer les deux cartons en les encollant.

La baguette. Dite « baguette de vitrine » ou « caisse » , c'est une baguette spéciale. Elle joue un rôle important. Suivant le montant de sa feuillure (de 15 à 33 mm), il sera

---

LES ÉLÉMENTS DU BOÎTAGE

1. Cadre
2. Verre (2 mm)
3. Carton bois (2 mm) pour les hausses
4. Carton bois (3 mm) pour le biseau inversé (**B1/B2**)
5. Carton bois (3 mm) pour le support du biseau inversé
6. Contrecollé pour le fond de cache
7. Carton bois (2 mm) pour le carton de fond avec l'anneau
8. Habillage du biseau
9. Carte lisse (facultative), pour fixer l'image
10. Bordure de kraft gommé (24 mm)

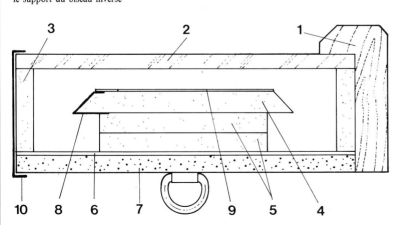

*Collection d'étiquettes de bouteilles de vin.
Biseau inversé. Fond de cache en papier
à la cuve aux teintes de « raisin écrasé ».
Baguette plat or vif.*

possible de fixer un ou deux cartons sous le biseau inversé, pour le rehausser. Si le montant de feuillure n'est pas suffisant, encoller le biseau directement au fond de cache.

Le verre. Il faut d'abord le placer directement dans le cadre. Il sera définitivement fixé par les hausses qui, elles, seront collées contre le montant de la feuillure du cadre. Il faut toujours ménager un espace de quelques millimètres entre le verre et le sujet.

LES MESURES

Avant tout... il est indispensable de lire attentivement toutes les explications concernant les calculs des différentes mesures.

Pour une image de 14,8 × 9,8 cm

Pour le **carton à biseau B1** : ajouter 1 mm tout autour de l'image (un trait de crayon épais) qui fera partie de B1. Cela permettra d'augmenter encore l'effet optique du biseau.

Plate-forme de B1 : 15 × 10 cm.

Largeur des **marges** sur les 4 côtés : 5 cm.

Mesures du **carton de fond** : 25 × 20 cm.

LES HAUSSES

Largeur des hausses

La caisse de notre exemple présente un montant de feuillure de 19 mm. Pour connaître la largeur des hausses comblant l'espace entre le verre et le fond de cache, il faut soustraire au montant de feuillure l'épaisseur du verre (2 mm), du carton de fond (2 mm) et du contrecollé (1 mm). Soit, dans notre exemple, 5 mm.

Largeur des hausses :
19 mm − 5 mm = 14 mm.

Ces 14 mm correspondent à la superposition des différents éléments :
− le support du biseau (5) = 3 mm
− le carton du biseau inversé (4) = 3 mm
− l'habillage des biseaux (8) = 1 mm (environ)
− l'image et son support (carte lisse) (9) = 2 mm (environ)
− espace vide entre l'image et le verre = 5 mm (environ).

Longueurs des hausses

− Grands côtés : mesure intérieure du cadre (25 cm).
− Petits côtés : mesure intérieure du cadre (20 cm) diminuée de 2 fois l'épaisseur des grandes longueurs. Pour calculer cette épaisseur, tenir compte de l'épaisseur du carton (2 mm) et de celle de l'habillage (0,5 mm environ). Avant de couper, contrôler les mesures au millimètre près.
Dans notre exemple, nous évaluerons donc cette épaisseur à 5 mm : (2 × 2 mm) + (2 × 0,5 mm).

La longueur des petits côtés est donc de : 20 cm − 0,6 cm = 19,4 cm.

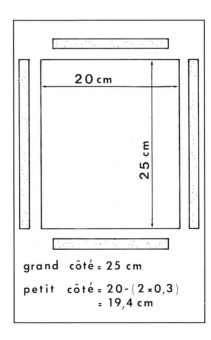

grand côté = 25 cm

petit côté = 20 − (2 × 0,3)
= 19,4 cm

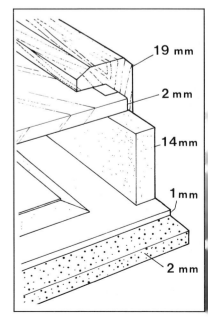

LES BISEAUX INVERSÉS

Le carton à biseau B1/B2. On procède exactement comme pour le biseau simple (voir page 74). Pratiquer l'ouverture de façon à ce que le trait de crayon reste sur B1.

Tracé et coupe des bandes de bordure

- Largeur des bandes de bordure : 2 cm
- Longueur des bandes : 6 cm plus longues que les biseaux à habiller.

Encoller chaque bande à sec (voir page 39).

HABILLAGE DU BISEAU INVERSÉ

Grands côtés. Placer la bande sur le plan de travail, côté adhésif face à soi. Au tiers supérieur de la bande, à 3 mm en retrait intérieur des obliques, poser le bord biseauté de B1. Border. Pour accentuer l'habillage des angles et délimiter la longueur réelle de la bande, pincer les extrémités entre le pouce et l'index. Ensuite, couper en ligne droite la longueur dépassant la pente biseautée.

Petits côtés. Placer les extrémités de la bande exactement aux angles biseautés, sa largeur chevauchant le biseau. Pincer les extrémités. Couper en ligne droite la petite pointe restante.

Après habillage des biseaux, fixer l'image sur le biseau.

Pose du support au dos du biseau inversé

Fixer l'une des faces du support sur le biseau inversé. L'autre face est collée directement au fond de cache.

Centrage du biseau inversé sur le fond de cache. Emboîter à nouveau les cartons B1/B2, support devant soi. Poser dessus le fond de cache (déjà fixé au carton de fond). Pour mieux aligner les cartons, utiliser deux bandes de carton assez larges (5 cm) pour enserrer avec précaution les grands puis les petits côtés. Appuyer fortement au centre du carton de fond afin de faire adhérer le support au fond de cache.

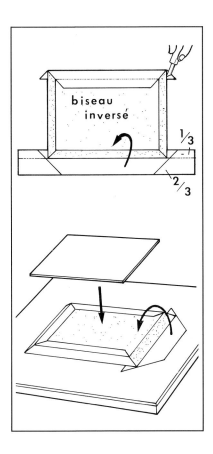

Enfin, soulever le carton de fond par l'anneau : il emporte avec lui le biseau inversé parfaitement centré. La surface B2 était indispensable à la précision du centrage.

EMBOÎTAGE DU PAQUET

Placer le verre dans le cadre. Pour adosser les hausses encollées contre le montant de la feuillure, commencer par poser les grands côtés en glissant les bandes jusqu'au verre, et contre la feuillure. Pratiquer de même pour les petits côtés. Bien emboîter le paquet. Clouer avec précaution environ tous les 5 cm. Poser la bande de kraft gommé. Elle chevauche le talon de la baguette et le carton de fond.

BISEAU À FENÊTRE CIRCULAIRE

FENÊTRE EN CŒUR

Il est facile de découper à main levée des cercles importants ou moyens. Utiliser le cutter du système de coupe. Utiliser de préférence une lame neuve.

L'outil de coupe se place à l'inverse d'une coupe normale. Surélever légèrement le carton en l'appuyant sur deux supports : l'ouverture doit se faire dans le vide. On tourne le carton au fur et à mesure. Enfoncer la lame de façon à traverser d'un seul coup l'épaisseur du carton. Pousser de bas en haut. Garder le cutter bien enfoncé en suivant le tracé du cercle.

Pour enlever les inégalités du biseau, enrouler un morceau de papier de verre autour d'un crayon. Tourner plusieurs fois autour du cercle pour rectifier les imperfections éventuelles de la découpe.

Pour border les biseaux, couper des petites bandes d'environ 3 cm. Cranter le papier. L'idéal est un papier doré vieilli ou un papier à dessin. En se juxtaposant, les très nombreux raccords seront pratiquement invisibles.

Une photo romantique à cœur ouvert :
– fenêtre-image : 13 × 13 cm,
– largeur des marges : 4,5 cm,
– carton de fond : 22 × 22 cm.

Pour l'ouverture, procéder comme pour une fenêtre circulaire. Il est nécessaire de suivre deux tracés différents (AB puis CD).

Le cache est composé d'une carte lisse habillée de tissu, de tulle et de dentelle. Pratiquer l'encollage à sec. Border le biseau.

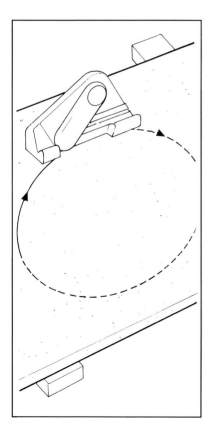

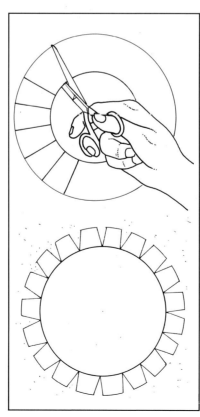

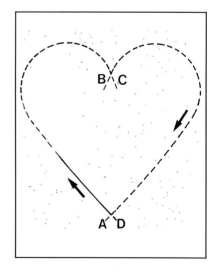

COMPOSITION DU PAQUET

1. Carton de fond avec l'anneau
2. Carte bulle pour fixer l'image
3. Carton à biseau
4. Carte lisse habillée (tissu, tulle, dentelle)
5. Verre (2 mm)
6. Bandes de kraft gommé (20 mm).

Une photo romantique à cœur ouvert :
Grand-mère habillée de dentelle.
La photo 1900 est mise en valeur
par une dentelle d'époque
évoquant celle de la photo.
Baguettes Charles X (15 cm).

BISEAUX OPPOSÉS

Les biseaux opposés demandent incontestablement beaucoup de soin et une grande précision. Ils font partie de ces encadrements particulièrement spectaculaires et originaux.

Mesures pour une fenêtre-image de 28 × 22 cm
Largeur des marges :
− 3 côtés : 8 cm,
− Marge inférieure : 10,5 cm.
Mesures du carton de fond : 46,5 × 38 cm.

Repères. Marquer les recto et verso des cartons, les croix repères. Marquer les lettres A1 (et B1) au centre, A4 (et B4) au coin supérieur droit.

Carton à biseau (B1/B2/B3/B4). Côté verso du carton, tracer les marges (tracé 1) pour délimiter B1. Ensuite, avec précaution, faire le tracé 2 à 25 mm en retrait extérieur. Ces deux premiers tracés délimitent B2. Faire le tracé 3 à 15 mm en retrait extérieur du tracé 2. Les tracés 2 et 3 délimitent B3. B4 est la surface la plus extérieure. Marquer des croix repères sur B2 et B3.

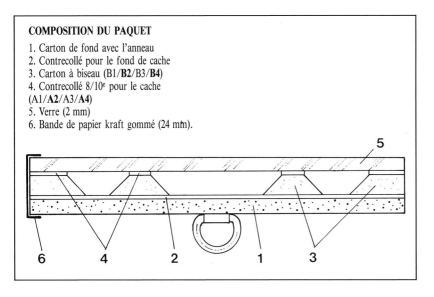

COMPOSITION DU PAQUET

1. Carton de fond avec l'anneau
2. Contrecollé pour le fond de cache
3. Carton à biseau (B1/**B2**/B3/**B4**)
4. Contrecollé 8/10ᵉ pour le cache (A1/**A2**/A3/**A4**)
5. Verre (2 mm)
6. Bande de papier kraft gommé (24 mm).

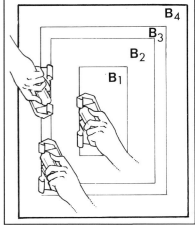

Découpe des biseaux opposés. Ouvrir la fenêtre-image B1 suivant le tracé 1. Dans le sens opposé à cette première ouverture, dégager B2 en découpant suivant le tracé 2. Dans le sens opposé à la deuxième découpe, dégager B3 en suivant le tracé 3. Consolider éventuellement B2 et B4 si les découpes les ont entamés.

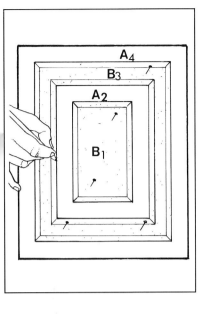

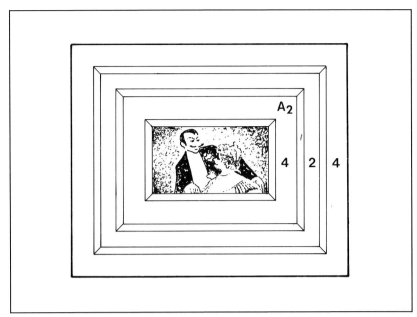

Découpe du contrecollé. Les cartons côtés versos vers soi, superposer le contrecollé et B1/B2/B3/B4 bien emboîtés. Fixer B1 et B3 par quelques clous. Ils ne doivent pas bouger d'un millimètre. Dégager B2 et B4. Avec un crayon épais, tracer les trois contours biseautés. Marquer des croix de repères sur A2 et A3. Attention à la découpe ! les traits de crayon doivent se détacher avec A1 et A3.

Montage. Border les biseaux (voir pages 78 et 101). Encoller et superposer A2 et B2, A4 et B4. Mettre sous presse.

Centrage des biseaux. Fixer le fond de cache et le carton de fond avec l'anneau. Côtés versos face à soi, emboîter les cartons B1/B2/B3/B4. Encoller B2 et B4. Dégager B1. Avec précision, poser les cartons de fond sur B2/B3/B4. S'assurer de la parfaite superposition des cartons en les enserrant entre deux tasseaux ou deux bandes de carton. Appuyer uniformément sur toute la surface du carton de fond. Laisser sécher sous presse.

Si l'encollage a été fait à sec, soulever le carton par l'anneau, il emporte avec lui B2 et B4 parfaitement centrés. Former le paquet.

VARIANTE
BISEAU DIRECT ET BISEAU INVERSÉ, OPPOSÉS

COMPOSITION DU PAQUET

1. Carton de fond avec l'anneau
2. Fond de cache
3. Carton bois (2 mm) pour le biseau direct inversé
4. Image

5. Carton bois (3 mm) pour biseau direct
6. Carton bois (5 mm) pour le support
7. Verre
8. Bandes de papier kraft

Pour les virtuoses !
Maintenant le seul profil de coupe doit vous suffire. Cet encadrement combine plusieurs techniques : biseau anglais posé sur support, biseau inversé.
L'encadrement photographié page 76 a été réalisé en biseau direct. Libre à vous de faire une combinaison classique de cache et biseau.

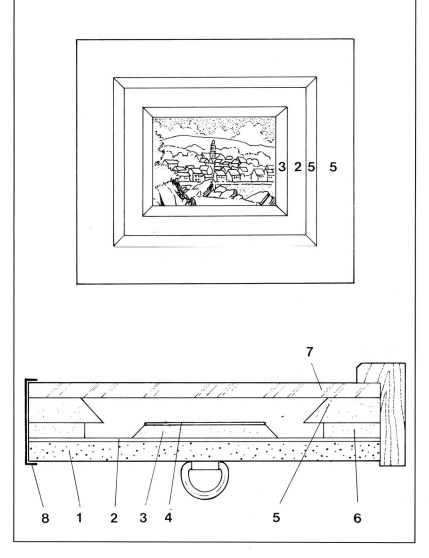

LE BISEAU FRANÇAIS

Il existe dans la tradition des anciens encadreurs, un biseau très spectaculaire qui permet des pentes de 2 cm de large ou plus et d'inclinaisons variées.

Il s'obtient par pliage d'une carte lisse coupée à mi-carton, et non par coupe dans l'épaisseur d'un carton bois comme le biseau anglais. La carte est surélevée par un support de carton mousse ou de carton bois.

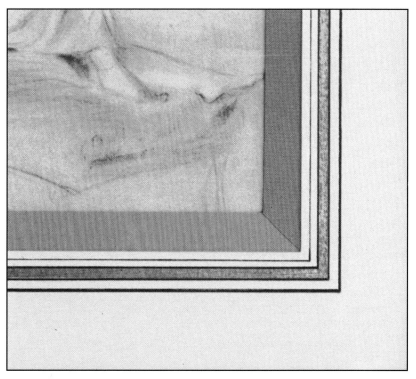

Sanguine et crayon.
Large biseau français
bordé de tissu gris,
couleur en harmonie avec les teintes
du dessin au crayon.
Filets doré et noir.
Baguette Louis XIV de Béran.

BISEAU FRANÇAIS
À FENÊTRE RECTANGULAIRE

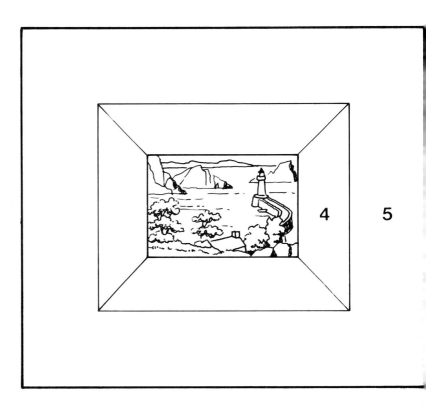

COMPOSITION DU PAQUET

1. Carton de fond avec l'anneau
2. Carte bulle avec l'image
3. Carton bois ou carton plume (3 mm)
   pour le support (B1/**B2**)
4. Carte lisse (320 g) pour le biseau (C1/**C2**)
5. Contrecollé 8/10ᵉ pour le cache (A1/**A2**)
6. Verre
7. Bordure de kraft gommé (36 mm)

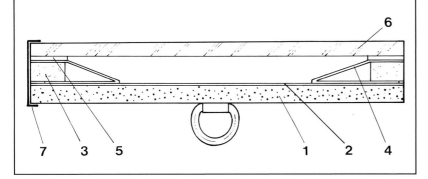

**Pour une fenêtre-image
de 14 × 10 cm**
Largeur des quatre marges : 4,5 cm.
Mesures du carton de fond :
23 × 19 cm.
Largeur du biseau : 1 cm.

Découpe des cartons

Marquer tous les repères sur les
cartons.

Contrecollé du cache (A1/A2). Côté
verso, tracer la largeur des marges.
Découper la fenêtre.

Carton du support (B1/B2). Côtés
rectos vers soi, superposer B1/B2 et
A2. Avec un porte-mine tracer le
contour de la fenêtre et la découper
à 90°.

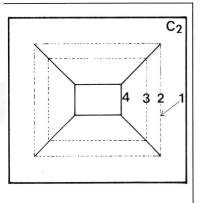

Traits pleins : coupe
Pointillés : mi-carton

Carte lisse du biseau (C1/C2). Côtés rectos vers soi, superposer C1/C2 et B2. Tracer le contour (1) de la fenêtre. Faire le tracé 2 à 1 mm en retrait intérieur. Ce tracé 2 représente le trait extérieur du biseau, il sera coupé à mi-carton.

Faire le tracé 3 à 1 cm (largeur désirée pour le biseau) en retrait intérieur du tracé 2. Il sera coupé également à mi-carton.

Faire le tracé 4 à 2,5 cm en retrait intérieur du tracé 3. Cette patte de collage sera repliée et collée sur l'envers du support B2 en carton bois.

Découper l'ouverture délimitée par le tracé 4. Couper les angles à 45°. Avec précaution, couper à mi-carton suivant les tracés 2 et 3.

Former le biseau en accentuant les plis 2 et 3 vers l'intérieur de la fenêtre.

Encoller légèrement le carton B2, lui superposer la carte biseautée C2. Replier et coller la patte de collage au dos de B2. Mettre sous presse.

Après collage, il reste un petit espace vide aux angles. Les combler en collant des petits papiers pour unifier la surface. Ils seront cachés par les bandes de bordure.

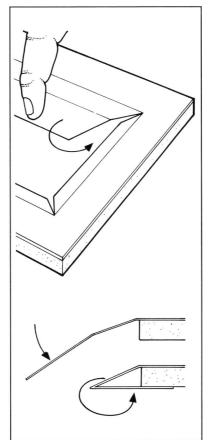

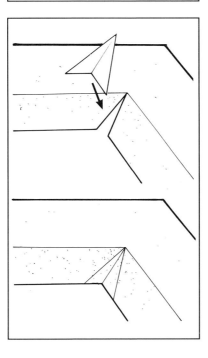

LA COUPE À MI-CARTON

Pour accentuer un pli, on fait une entaille à mi-carton à l'aide du poinçon ou du cutter.
Côté recto, faire une entaille aux deux tiers de l'épaisseur de la carte. Retourner le carton pour contrôler : le trait doit être visible sans que le carton soit percé. Il peut alors être replié en formant une arête vive.
Si l'entaille est trop profonde, coller une bande côté verso pour consolider l'arête.

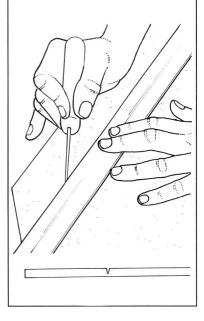

Bordure du biseau
Les bandes de bordure seront plus larges que pour le biseau anglais. Compter environ 4 cm pour un biseau de 1 cm de large.
Les longueurs des bandes sont égales aux longueurs de la fenêtre-image augmentées de 5 à 6 cm.
Procéder comme pour border un biseau anglais (voir page 78). Rectifier les angles en supprimant 1 mm en retrait intérieur. Les extrémités sont juxtaposées bord à bord.

BISEAU FRANÇAIS À FENÊTRE OVALE

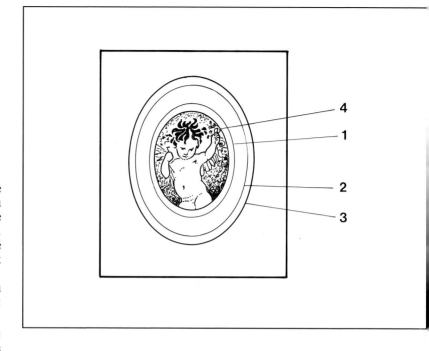

Le tracé et la coupe à mi-carton se font directement sur le recto du cache A1/A2. Il n'y a pas de marge à replier sous le carton support C2. Le bord inférieur du biseau sera fixé à la sous-carte B2 en retrait du filet doré.

Le biseau est facile à former si on utilise une carte* assez fine (force : 200 g/m² environ).

Travailler sur une plaque de verre : la coupe sera plus nette, le compas glissera mieux pour tracer le biseau et le filet. Il suffit pour des tracés réguliers d'écarter le compas à la largeur du biseau, ou du filet, et de longer la fenêtre.

Marquer tous les repères des cartons (voir page 00).

* Carte *Keaycolor*, carte bristol, etc.

Carte lisse (A1/A2). Tracer l'ovale 1 du cache. Découper la fenêtre. Ensuite, tracer l'ovale 2 à 6 mm en retrait extérieur. Puis l'ovale 3 à 5 mm en retrait extérieur du tracé 2. L'ovale 2 sera coupé à mi-carton. L'ovale 3 sera retracé par un filet doré.

Sous-carte (B1/B2). Côtés rectos vers soi, superposer la carte et A2. Tracer le contour de l'ovale 1, puis l'ovale 4 à 3 mm en retrait intérieur. L'espace entre les tracés 1 et 4 délimite le filet de la sous-carte. Découper la fenêtre suivant le tracé 4. Peindre le filet vieil or. (C'est beaucoup plus facile de peindre que de recouvrir l'ovale avec du papier doré.)

Carton bois (C1/C2). Il sert de support au biseau. Superposer, rectos vers soi, le carton C1/C2 et A2. Tracer le contour A2, puis un autre ovale à 15 mm en retrait extérieur. Découper le support suivant ce dernier tracé.

Encollage des cartons. Côtés rectos vers soi, encoller uniformément C2 et le fixer sur la sous-carte B2. Côté verso, encoller le bord intérieur du biseau A2 sur 2 mm. Le poser sur le support C2 et le maintenir fermement. Aussitôt, former le biseau, en plaçant sa pente de telle sorte qu'il se colle à la sous-carte et laisse apparaître le filet doré.

Mettre les cartons sous presse pour bien unifier les surfaces.

COMPOSITION DU PAQUET

1. Carton de fond
2. Carte bulle pour fixer l'image
3. Carte lisse pour la sous-carte (B1/**B2**)
4. Carton bois (3 mm) pour le support du biseau (C1/**C2**)
5. Carte lisse (320 g) pour le cache et le biseau (A1/**A2**)
6. Verre
7. Bandes de kraft gommé (36 mm).

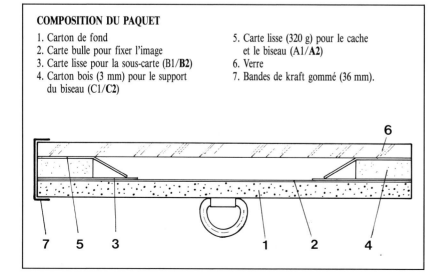

RÉALISATION DES CADRES

Le choix et la fabrication d'un cadre sont des points essentiels dans l'élaboration d'un encadrement. Les plus beaux documents, les combinaisons caches / sous-cartes les plus sophistiquées, les biseaux les plus élaborés peuvent être annihilés par un cadre inadapté ou mal agencé. Vous choisirez donc les baguettes après réalisation du paquet. En posant la baguette sur le bord, vous verrez réellement le résultat, au lieu de l'imaginer et de travailler à l'aveuglette. Il sera alors plus simple de calculer le bon métrage, de choisir la bonne profondeur de feuillure, le bon coloris, etc.

Cache à sous-carte et biseau. Reproduction entouré d'une sous-carte dorée de même largeur que le biseau. Contrecollé vergé 8/10ᵉ couleur crème pour les caches. Baguette plat doré or vif.

MESURES ET COUPE DES BAGUETTES

Calcul du métrage de la baguette
Le métrage total de la baguette se calcule en additionnant :
– le périmètre du paquet,
– huit fois la largeur de la baguette,
– 10 cm de marge de sécurité.

Pour un paquet de 27,5 × 21 cm :
Périmètre du paquet : 97 cm
Largeur de la baguette : 2 cm
Marge de sécurité : 10 cm
Métrage nécessaire :
97 cm + (8 × 2 cm) + 10 cm
= 123 cm.

Mesures de coupe de la baguette
J'utilise la technique de mesure « à fond de feuillure », très simple. On ne peut mesurer la longueur de coupe qu'à partir d'une extrémité déjà coupée à 45°. Il faut connaître avant tout la largeur de la feuillure (elle peut varier de 3 à 15 mm suivant l'importance de la baguette). Utiliser le réglet pour la mesurer avec précision.
Pour calculer les mesures de coupe de la baguette, prendre :
– les mesures du paquet,
– en soustraire 2 fois la largeur de la feuillure,
– ajouter 0,2 cm de marge.

Ainsi pour un paquet de 27,5 × 21 cm et une largeur de feuillure de 0,5 cm, il faudra couper à 45° :
– 2 baguettes de :
27,5 – (2 × 0,5) + 0,2 = 26,7 cm
– 2 baguettes de :
21 – (2 × 0,5) + 0,2 = 20,2 cm.

NB : Les baguettes sont fabriquées en 2 m, 2,20 m, et 3 m.

Coupe de la baguette
Pour le premier essai, utiliser une baguette en bois blanc, à dessus plat. Commencer toujours par la coupe des baguettes les plus longues, en cas d'erreur, elles serviront à la coupe des plus courtes.
Les boîtes à onglets en bois ou en plastique s'usent très rapidement. Il existe des boîtes plus robustes en métal.
Les scies professionnelles permettent une plus grande précision de coupe et sont munies d'un butoir amovible, pouvant être placé soit à droite, soit à gauche. De plus, les possibilités d'angles de coupe sont multiples : 90°, 45°, 36°, 30°, et 22,5°. Protéger le bois en collant du ruban adhésif à l'emplacement de la coupe pour éviter les éclats. Ne pas utiliser ce procédé pour les baguettes dorées car la peinture s'arracherait. Pour éviter à la scie de « flotter » pendant la coupe et pour obtenir des angles précis, il faut maintenir la scie appuyée fermement contre le guide de coupe (côté gauche pour le droitier).

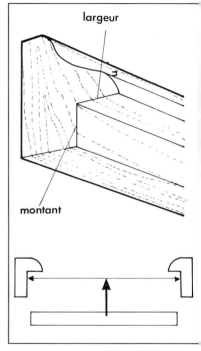

Mesures à fond de feuillure.

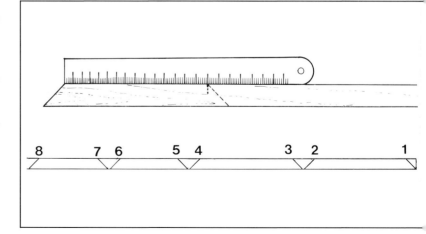

Quelques magnifiques baguettes. Photo Relma.

1. Fixer la boîte à onglets sur la table par un serre-joint. Bien adosser la baguette à l'intérieur de la boîte, le dessus vers soi. Pendant la coupe, la baguette ne doit pas bouger. La maintenir elle aussi par un serre-joint en intercalant un carton pour la protéger. Faire la première coupe à 45° en commençant par l'extrémité droite de la baguette. Engager la coupe sans forcer, accélérer le mouvement progressivement en maintenant toujours la scie horizontalement. Sortir la baguette de la boîte à onglets.

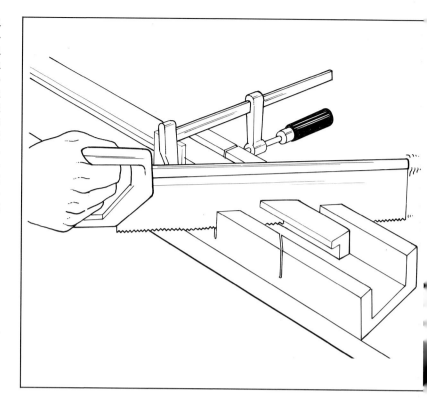

2. Placer la feuillure de la baguette de telle façon qu'elle chevauche le bord de la table. Placer le réglet parallèlement à la baguette, la graduation 0 du réglet posée contre l'angle intérieur de 45° déjà coupé. Avec précision, tracer au crayon le repère de la longueur. Sur une baguette foncée, coller un petit morceau de papier pour marquer le repère de façon visible.

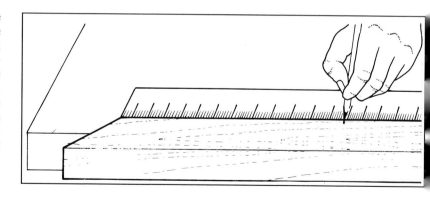

3. Placer à nouveau la baguette dans la boîte à onglets. Dans la direction inverse de la coupe précédente, situer la scie à l'extérieur du repère. Descendre la lame de la scie avec précaution vers la baguette. Pour s'assurer que les dents de la scie coïncident avec le point de repère, glisser une fine feuille de papier contre la lame jusqu'à la baguette. Le bord du papier doit toucher exactement le point de repère. Scier (2e coupe à 45°). La première baguette est prête. Inverser à nouveau la direction de la scie pour réaliser la troisième coupe à 45°.

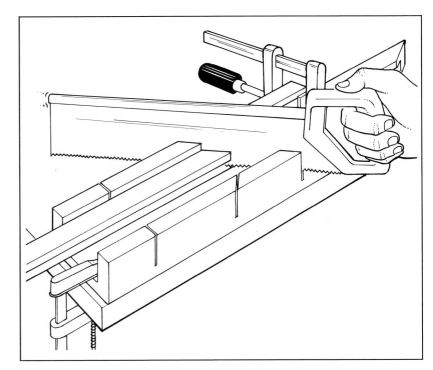

4. Il est possible d'éviter de mesurer la deuxième baguette en utilisant un butoir (une cale en bois par exemple). Placer la scie dans le guide à gauche de la boîte à onglets. Replacer la première baguette coupée, la coupe à 45° contre la scie à l'extrémité droite. Fixer le butoir qui ne doit plus bouger, il délimite la longueur de la seconde baguette. Les deux longueurs seront ainsi identiques.

5. Enlever la première baguette, la remplacer par la baguette à couper. Effectuer la quatrième coupe à l'inverse de la troisième.

6. Vérifier que les deux baguettes ont la même longueur en les adossant verticalement sur la table. Procéder de même pour couper les petites longueurs.

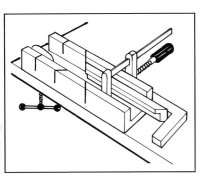

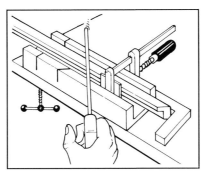

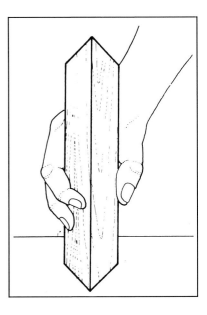

ASSEMBLAGE DES BAGUETTES

On choisira la presse à cadre suivant l'importance de la moulure de la baguette. Ces presses sont composées de quatre équerres, en plastique ou en métal, reliées entre elles par une ficelle ou un ruban en nylon. Les équerres enserrant le cadre, il sera pressé au maximum. Les modèles sont nombreux, nous ne parlerons que de la presse à ficelle et de la presse à feuillard.

La presse à ficelle. Très utile pour les petits encadrements. La longueur de la ficelle fait environ 3,50 m. Des équerres en plastique permettent d'emboîter les petites et moyennes baguettes. Elle est simple et pratique d'utilisation.

La **presse à feuillard** est certainement la plus connue des presses. Cependant elle n'est pas pratique pour assembler les petites baguettes. Ses grosses équerres d'angle en métal ont une hauteur de 30 mm qui risquent de déstabiliser l'assemblage. Si vous désirez tout de même l'utiliser, il faut situer le cadre à mi-hauteur des équerres, sinon, en serrant, tout risque de sauter.

Par contre, pour des baguettes d'une certaine importance, cette presse est indispensable. Son système de serrage et de blocage permet de régler sans effort à la tension voulue.

Certaines presses à feuillard sont équipées d'un ruban en métal. Il faut s'en servir avec précaution car le ruban est coupant. Il est donc préférable de choisir une presse avec un ruban en nylon (5 m de long environ).

Préparation des baguettes. Avec une toile émeri très fine, ébarber les extrémités des baguettes si nécessaire. Pour une meilleure finition, colorer le bord de coupe sur 1 mm environ avec un feutre de même couleur que la baguette, en suivant le bord de la feuillure au talon. Pour les baguettes dorées, il existe des feutres dorés.

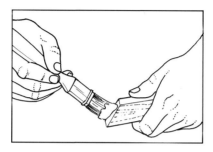

Encollage des baguettes. Sur le plan de travail, disposer les quatre baguettes, le talon contre la table, en formant le cadre. Un peu en retrait extérieur du cadre, mettre la presse à ficelle en place sans la tendre **avant** d'encoller les baguettes. Puis avec de la colle à bois, encoller suffisamment chacune des huit coupes à 45° et former le cadre. Si la baguette est importante, piquez la surface de coupe avec un poinçon, un clou, ou une vis, la colle s'imprégnera dans les trous.

Assemblage avec la presse à ficelle. Les quatre coins du cadre sont emboîtés dans les angles de la presse. Placer le système de blocage à hauteur de l'angle supérieur droit du cadre.

Pour serrer l'assemblage, appuyer l'avant-bras gauche à plat et en diagonale sur le cadre, la main droite à proximité du système de blocage. Enrouler une ou deux fois la ficelle autour de la main droite, glisser jusqu'à l'angle inférieur droit. La main gauche maintenant toujours l'angle supérieur droit, appuyer de la main droite le pouce contre l'équerre inférieure droite et tirer la ficelle avec force. Insister encore une fois avant d'introduire la ficelle dans la fente du système de blocage.

Ensuite, faire le test suivant : sur un des côtés de l'assemblage, appuyer la ficelle contre le cadre. Si la ficelle résiste, c'est qu'elle est suffisamment tendue.

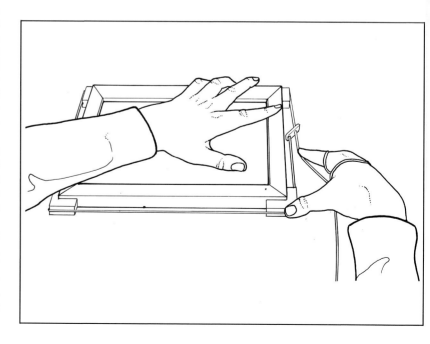

Avec la presse à feuillard. Le système de blocage de la presse à feuillard est, lui, placé à l'angle inférieur droit du cadre. L'utilisation de cette presse pour un grand cadre impose de ne pas retourner l'ensemble, car les baguettes risqueraient de sauter au cours de la manœuvre. Lorsque les baguettes sont maintenues dans la presse, essuyer l'excédent de colle aux angles extérieurs et intérieurs. S'assurer du parfait assemblage des angles : au toucher il ne doit pas y avoir de différence de niveau. Laisser sécher trente minutes au minimum avant de clouer les baguettes.

Détail du cadre de la page 56.

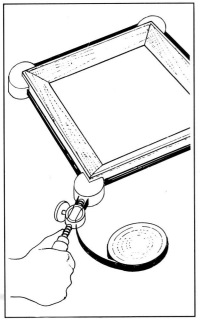

Clouage du cadre. Lorsqu'un cadre mesure 30 × 40 cm et plus, il est préférable de clouer les baguettes aux angles pour renforcer l'assemblage. Utiliser des pointes à tête homme ou des pointes de placage, de 15 à 20 mm, très fines.

Enfoncer deux clous à 5 mm en retrait des extrémités des baguettes supérieures et inférieures. Enfoncer un peu plus profondément avec un chasse-clou n° 1. Une fois le cadre accroché, les marques des clous ne sont pas visibles.

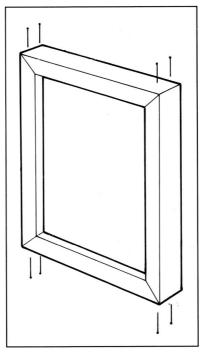

Consolidation des angles. Pour tous les cadres, il est conseillé de consolider les angles soit avec des agrafes de tapissier, soit avec des équerres de renforcement d'angle en métal, en bois ou en carton.

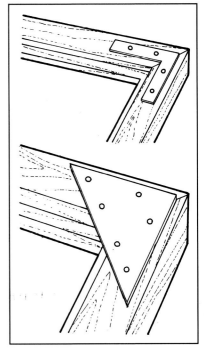

FIXATION DU PAQUET DANS LE CADRE

Outils et matériaux. Clous à tête homme. Marteau. Tasseau de 30 à 40 cm. Serre-joint. Kraft gommé en 36 mm. Chasse-clou n° 1 ou 2.

Adossez l'encadrement contre un tasseau de la longueur approximative du cadre, fixez-le par un serre-joint.

Le cadre et le paquet sont parfaitement emboîtés, les versos face à vous.

A 3 ou 4 mm du bord, piquez le carton du paquet, le clou orienté horizontalement au départ, puis aussitôt après, en biais et couché à 45°. Si vous n'arrivez pas à enfoncer les clous dans l'épaisseur du paquet, utilisez le poinçon ou une alène pour amorcer le passage du clou. Vous

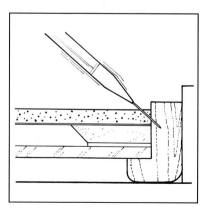

pourrez alors contrôler sa trajectoire. Ainsi, il ne risquera pas de ressortir sur le côté de la baguette. Clouez environ tous les 10 cm. Faites disparaître les clous dans l'épaisseur du carton à l'aide du chasse-clou.

Ensuite posez les bandes de kraft gommé à 1 mm du bord du cadre. Le reste de la largeur chevauche le talon de la baguette et le bord du paquet.

Le chevauchement du kraft fait barrière et empêche les insectes et la poussière de pénétrer.

FINITION DE L'ENCADREMENT

Dos plat

Si le paquet et la baguette sont au même niveau, l'encadrement aura un dos plat.

Coupez des bandes de kraft gommé en 36 mm aux mesures du paquet plus trois à quatre centimètres. Ces centimètres supplémentaires seront recoupés ensuite à 1 mm en retrait du bord extérieur de la baguette.

Mouillez modérément la bande de kraft avec une éponge. A partir de l'angle droit, commencez la pose du kraft à 1 mm en retrait du bord extérieur de la baguette.

La largeur du kraft chevauche la baguette et le bord du paquet. Progressez rapidement par segments de 5 à 6 cm, faites bien adhérer le kraft en frottant avec un chiffon.

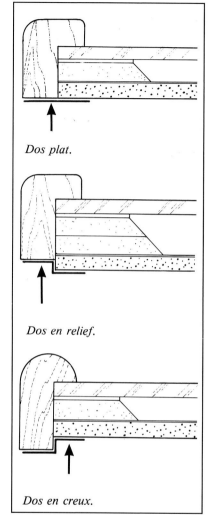

Dos plat.

Dos en relief.

Dos en creux.

Dos en relief

Si le montant de la feuillure n'est pas important et le paquet épais, le relief des cartons dépasse le niveau du talon de la baguette.

1. Posez la bande à 1 mm en retrait du bord extérieur de la baguette.

2. Accentuez la pliure inférieure de la bande, à la base de l'épaisseur du paquet. Appuyez bien le kraft contre l'épaisseur du paquet.

3. Accentuez la pliure supérieure pour chevaucher le paquet. Bien aplanir les surfaces avec le plioir.

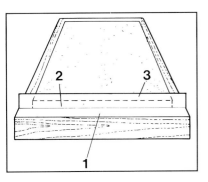

4. A l'aide de ciseaux pointus, coupez la pliure supérieure de la bande jusqu'au paquet.

5. Verticalement, coupez les quelques millimètres du kraft recouvrant l'épaisseur du paquet.

6. Rabattre la languette inférieure sur le talon de la baguette.

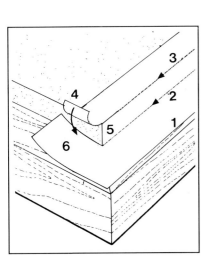

7. La languette supérieure est collée contre l'épaisseur du paquet et le talon de la baguette.

Procédez de même pour les trois autres côtés.

Coupez les extrémités dépassant les angles.

Dos en creux

Si le paquet n'est pas épais mais que le montant de la feuillure est important, le paquet viendra en creux par rapport à la baguette.

1. A un millimètre en retrait du bord extérieur de la baguette, poser la bande bien à plat.

2. Avec le cutter tenu verticalement et parallèlement aux angles, couper le kraft, en longeant les petits côtés du cadre.

3. Avec le plioir, descendre la largeur restante du kraft, en le glissant contre le montant de la feuillure pour ensuite chevaucher le paquet. Procéder de même pour les trois autres côtés.

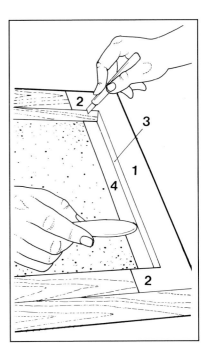

CADRES EMBOÎTÉS

L'encadrement à cadres emboîtés se fait plus rarement vu son prix de revient, pourtant le résultat en justifie la peine.

Il s'agit d'encastrer deux cadres l'un dans l'autre.

En règle générale, le premier cadre (intérieur) doit être à surface plate pour que le second (extérieur) repose bien dessus.

Ne pas s'inquiéter si les talons des cadres ne sont pas au même niveau. Cependant, si on désire un encadrement parfait, il faut choisir le cadre extérieur avec un montant de feuillure plus important que celui du premier.

Prendre les mesures extérieures du premier cadre, et couper la baguette en rajoutant seulement 1 mm de jeu au lieu de 2.

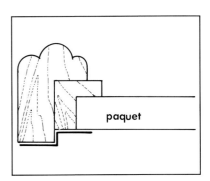

Fixer les deux cadres ensemble par quelques clous. Puis placer le paquet dans le premier cadre et le fixer comme s'il s'agissait d'un cadre unique.

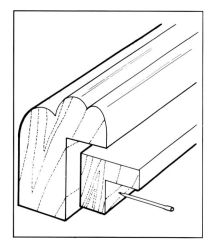

LES MARIES-LOUISES

Marie-Louise, congé or, velours bleu. Cadre Louis XIV.

La marie-louise est un devant de cadre situé entre le cadre principal extérieur et l'œuvre. C'est une seconde baguette dont le bord est en contact direct avec l'œuvre. Sa largeur va de 15 à 75 mm (couramment 30 mm). Elle peut être peinte ou recouverte de tissu ou de velours. Le bord qui touche l'œuvre est biseauté et le plus souvent doré.

Le cadre principal est coupé aux mesures extérieures du devant de cadre. Emboîter les deux cadres et les fixer avec quelques clous.

La toile est le plus souvent retenue au cadre par des tourniquets (un au centre de chacun des côtés) fixés au talon de la marie-louise.

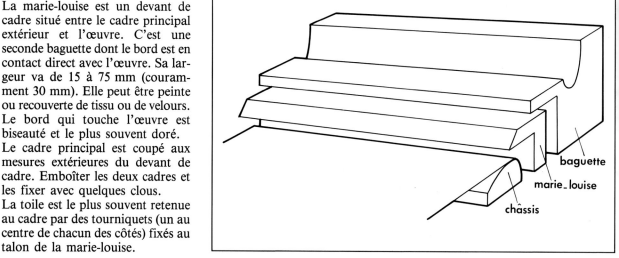

Aquarelle.
Biseaux à fenêtres superposées. Les biseaux sont bordés
de tissu peint en camaïeu gris et rose, couleurs du chat.
Cache en tissu marine. L'effet de ciel étoilé est obtenu
par projection de colle et de poudre argentée.
Cadres encastrés : baguettes alu brossé et alu brillant.

CADRES ET BAGUETTES PERSONNALISÉS

Les baguettes coupées peuvent être peintes ou recouvertes séparément de papier ou tissu, avant de former le cadre. Il est plus facile de recouvrir une baguette plate qu'une baguette arrondie. Le cadre peut être également habillé. Un rappel du même papier ou tissu pour border le biseau ou une des sous-cartes composera un ensemble parfait.

BAGUETTES DE BOIS

Il est préférable avant tout de poncer le bois à la laine d'acier extra-fine. Poncer toujours dans le sens du fil du bois pour rabattre les fibres.

Bois brut ciré. Utiliser de bons cirages à chaussures. Le noir donne au bois un bel aspect gris ; ensuite, cirer à la cire d'abeille.

Bois brut teinté. Toutes les teintures pour ébénistes peuvent être utilisées.

Les teintures à l'eau (comme le brou de noix, le noyer en liquide concentré) permettent d'obtenir des coloris divers. Suivant la nuance désirée, diluer plus ou moins, mélanger plusieurs couches avec un pinceau ou une éponge.

Les teintures à bois du commerce existent dans de nombreux coloris : chêne clair, foncé ou doré, acajou clair ou foncé, merisier, palissandre, teck, citronnier, rouge, vert, bleu, mandarine, ébène ou incolore.

Entre chaque couche, il est préférable de poncer à la laine d'acier extra-fine.

Si vous recherchez un aspect plus brillant, il est possible de cirer, ou de vernir.

Peintures des baguettes blanchies. Les fournisseurs de baguettes proposent un choix de baguettes blanchies au gesso, prêtes à peindre. Pour les peindre, utiliser les peintures industrielles pour intérieur et extérieur, acryliques ou vinyliques. Laisser sécher suivant le mode d'emploi. Ensuite, cirer à la cire d'abeille. Après séchage de la cire, faire briller.

Gomme laque (vernis). Poncer le bois. Pour colorer, broyer les pigments choisis avec la gomme laque.

Caparol (**liant et apprêt vinylique**). Ce liant s'utilise pour peindre le bois ; il faut le diluer à l'eau. Une fois sec, de blanc il devient brillant et transparent. Il peut être mélangé à des pigments ou des peintures. Acheter quelques pots de **pigments** et de **peinture** pour réaliser tous les coloris par mélange : violet, bleu, vert, jaune, orange, rouge, noir et blanc.

La céruse. La pâte à céruser peut être blanche ou teintée. Utiliser de préférence la teinte « chêne ». Avec une brosse à céruser (en acier laitonné), brosser dans le sens du fil du bois pour obtenir des sillons plus ou moins prononcés. Ensuite, dépoussiérer avec une brosse ou un pinceau. Passer superficiellement à la laine d'acier pour éliminer les petites fibres relevées avec la brosse. Avec un pinceau, faire pénétrer la pâte dans les pores du bois. Laisser sécher au minimum une demi-heure. A main légère, repasser encore une fois à la laine d'acier. Dépoussiérer à nouveau. Puis passer du bouche-pores.*.

Recommencer l'opération trois fois. Opérer toujours avec précaution pour ne pas évider la pâte incrustée dans les pores. Cirer à la cire d'abeille.

Dorure des baguettes. Il est possible de restaurer un cadre doré à la feuille d'or avec une pâte à dorer**. Elle peut être employée comme couleur de fond ou comme couleur principale ; sur le bois, le métal, le verre, le papier, le carton, etc. Pour des retouches, elles s'applique avec le doigt. Diluée à l'essence de térébenthine, elle s'applique avec un pinceau. Pendant que la peinture est encore humide, frotter légèrement à la laine d'acier extra-fine. Laisser sécher 12 h avant de vernir.

Pour peindre les baguettes en doré, il faut préparer le bois avec « une assiette à dorer ». Cette assiette est un apprêt de couleur rougeâtre qui se passe sur la surface du bois avant de la dorer. Certaines baguettes bien vieillies, laissent apparaître irrégulièrement sa teinte rougeâtre.

* *Fondur.*
** La cire métallique *Treasure Gold* existe en plusieurs nuances et se mélange avec d'autres couleurs. La teinte *classic* est la plus utilisée.

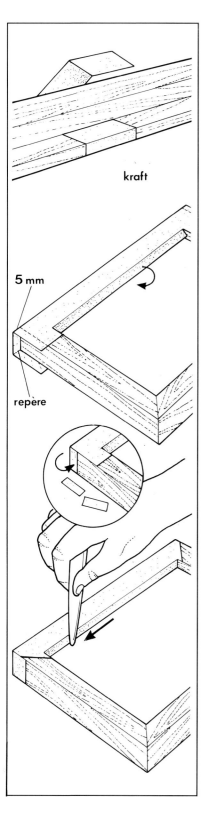

kraft

5 mm

repère

HABILLAGE D'UN CADRE DÉJÀ ASSEMBLÉ

Habillage en papier reliure d'un cadre monté (largeur 2 cm). Encollage à sec.*

1. Largeur des bandes d'habillage. A l'aide d'une bande de papier kraft, faire un patron en contournant la moulure du cadre. Commencer par la largeur de la feuillure. Marquer une pliure à chaque arête du contour de la baguette. Faire un trait repère à la pliure du bord extérieur du cadre. La largeur des bandes de notre exemple sera de 7 cm.

2. Longueurs des bandes d'habillage. Elles seront égales aux dimensions extérieures du cadre plus 1 cm.

3. Habillage des grandes longueurs. Placez le cadre verticalement, à 5 mm en retrait intérieur des extrémités, exactement sur le trait repère. Rabattre les marges, sur le dessus et le talon du cadre.

4. Mettre le cadre à plat. Couper la bande jusqu'aux angles, en longeant les petits côtés intérieurs du cadre. Rabattre la marge restante en appuyant au plioir sur la largeur de la feuillure. Faire adhérer le papier au bois.

5. Retourner le cadre, procéder de même pour couper la bande jusqu'aux angles. Rabattre la marge restante contre le montant de la feuillure. Former les languettes des extrémités, elles seront rabattues sur les petits côtés. A 2 mm en retrait extérieur de l'angle à 45°, couper le papier avec précaution.

6. Les petites bandes sont coupées aux mesures exactes du cadre. Rectifiez le chevauchement des bandes en positionnant la règle dans le sens de la coupe à 45°. Recouper avec précaution les millimètres excédentaires sur et sous les bandes. Encoller et assembler le cadre.

* On peut aussi utiliser la colle d'amidon ou la colle blanche.

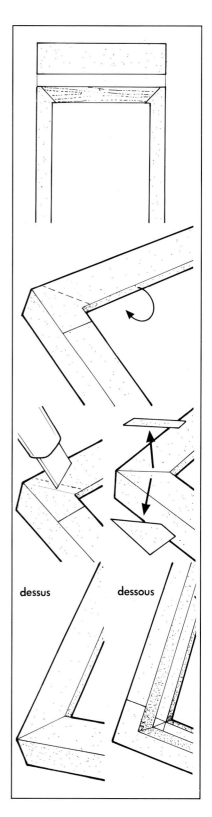

dessus   dessous

AUTRES ENCADREMENTS

TAPISSERIE - TOILE - CANEVAS

Les tapisseries, les toiles de maîtres, sont tendues sur châssis. Chez les marchands de baguettes, vous pourrez commander des châssis aux mesures de l'œuvre à encadrer. Les fournisseurs pour les artistes-peintres proposent un choix important (voir page 26).

Important. Il ne faut pas recouvrir le dos des toiles ni poser de verre : elles doivent pouvoir respirer.

Pour retendre une tapisserie. Dans certains cas, la tapisserie a besoin d'être retendue. Il suffit de l'humidifier en vaporisant de l'eau sur son côté verso. Ensuite, pour la fixer au châssis, commencer par agrafer le milieu de chacun de ses côtés.
Avec la pince spéciale à tendre les toiles et une agrafeuse, prendre soin de fixer le périmètre de l'œuvre en l'agrafant au bord extérieur du châssis. Si la marge est importante, la replier au dos du cadre et agrafer à nouveau. Afin d'unifier le mieux possible la surface, progresser de chaque côté des quatre premiers points. Alterner bords supérieur, inférieur et côtés. Respecter le sens des fibres et prendre soin de tendre bien droit.

Remarques
1. L'agrafeuse est une facilité, mais pour une œuvre de valeur, utilisez des pointes de tapissier.
2. Pour retendre une peinture sur toile montée sur un châssis à clefs, il suffit d'enfoncer les clefs avec un marteau.
3. Pour retendre une peinture sur toile sur châssis ordinaire, procéder comme pour une tapisserie mais avec encore plus de précaution. Si la toile a une certaine valeur, confiez-la à un professionnel.

Le cadre. Fixer le châssis dans le cadre avec des tournettes vissées sur le talon des baguettes. Pitons ou attaches triangulaires seront également vissés dans la baguette supérieure (voir page 44).

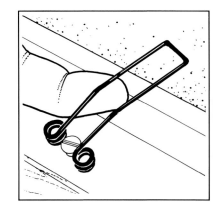

Sujet sur fond de cache (voir page 126).
Dessin à la plume fixé sur un contrecollé havane clair.
Filets de papier doré vieilli par projection d'encre.
La sobriété de cet encadrement accentue la finesse du dessin.
Baguette mouchetée, congé doré vieilli, en rappel des filets.

SUJET SUR FOND DE CACHE

Le fond de cache est un contrecollé (ou une carte lisse habillée) qui sert de support pour présenter un document, tout en lui donnant une certaine importance par la largeur des marges qui l'entourent.

Le document est directement collé, bien centré, sur le fond de cache. Pour un document de valeur, utilisez une colle neutre ou l'encollage à sec.

Le sous-verre pourra être bordé ou encadré.

Pour calculer **les mesures du fond de cache** on additionne les mesures de l'image et la largeur des marges. Elles sont égales aux mesures du carton de fond.

Par exemple, pour une image de 12×8 cm, des marges sur trois côtés de 3 cm, et une marge inférieure de 4 cm :
- hauteur du fond de cache : $12 + 3 + 4 = 19$ cm
- largeur du fond de cache : $8 + 3 + 3 = 14$ cm

COMPOSITION DU PAQUET

1. Carton de fond avec l'anneau
2. Contrecollé pour le fond de cache
3. Image (fixée sur le contrecollé)
4. Verre
5. Bordure de papier kraft (24 mm)

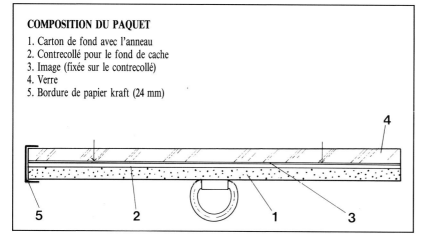

COMPOSITION DU PAQUET

1. Carton de fond avec l'anneau
2. Carte bulle pour fixer l'image
3. Carton bois (3 mm) (B1/**B2**) ouvert à 90°
4. Contrecollé (A1/**A2**) pour le cache
5. Verre
6. Bordure de papier kraft (24 mm)

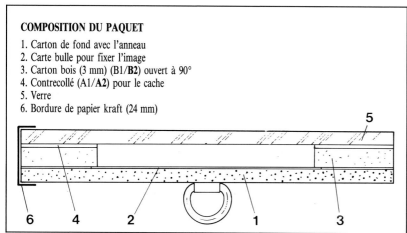

FENÊTRE EN CREUX SANS BISEAU

La coupe droite est peu utilisée. Cependant, elle permet de beaux encadrements. Le creux donne la même profondeur que le biseau. Utiliser le système de coupe avec l'outil à 90°. La fenêtre sera parfaitement droite.

Carton bois (B1/B2). Tracer les marges. Découper la fenêtre B1 à 90°.

Contrecollé (A1/A2). Côtés versos vers soi, superposer le contrecollé et B2. Tracer finement le contour de la fenêtre. Faire un second tracé à 2 mm en retrait intérieur. Découper la fenêtre A1 en suivant ce second tracé.

Bordure du cache creux

Les longueurs des bandes de bordure correspondent aux mesures de la fenêtre augmentées de 2 à 3 cm). Travailler sur le côté recto du carton bois. Sur le grand côté, placer la bande bien à plat à mi-largeur de la fenêtre. Laisser dépasser les extrémités de chaque côté.

Avec le cutter tenu verticalement, couper la bande jusqu'à l'angle intérieur, en longeant la tranche des petits côtés de la fenêtre.

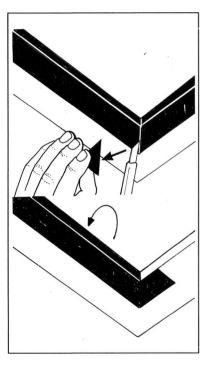

Avec le plioir et un papier de protection, appuyer la bande contre la tranche du carton. Rabattre la largeur restante au verso du carton. Procéder de même pour les petits côtés. Ensuite, côté recto, couper les angles précisément à 45° pour enlever les épaisseurs.

Assembler le paquet et encadrer.

ENTRE-DEUX-VERRES

On vous offre en cadeau une lettre manuscrite ? L'entre-deux-verres est la plus belle façon de la présenter, les deux faces seront visibles. Spectaculaire et aérien, l'entre-deux-verres est particulièrement approprié aux autographes, diplômes, et à tout document dont les deux faces présentent un intérêt. Mais il mettra en valeur n'importe quel document à montrer en entier. Comme son nom l'indique, l'image est placée entre deux verres identiques.

Une seule réserve : si le document est de grande valeur, il faudra aménager un cache entre les deux verres afin que l'œuvre soit isolée du verre et puisse respirer.

Matériel. Un crayon-feutre extra-fin soluble à l'eau spécial pour dessiner sur le verre. Deux pinces à dessin. Peau de chamois.

Faire couper deux verres identiques, aux dimensions de l'image augmentées des marges désirées. Travailler sur un plan de travail clair, carton bois ou carte lisse par exemple.

Bien nettoyer les verres, vous constaterez que c'est l'opération la plus difficile. Essuyer avec une peau de chamois.

Sur l'un des verres, tracer les marges avec le feutre spécial. Coller dans un coin 1 cm de papier blanc comme repère pour indiquer le verso du verre.

Centrer l'image sur le recto et la fixer avec quelques millimètres d'adhésif double face aux angles. Superposer le deuxième verre et fermer ce paquet avec une bande de kraft étroite (voir page 51). Border avec une bordure personnalisée (voir page 52). Ce sous-verre sera placé sur un chevalet en bois du commerce.

On peut glisser entre les deux verres toutes sortes de filets, de caches ou de biseaux (voir page 128).

ENTRE-DEUX-VERRES AVEC ANNEAU DE SUSPENSION

Il est possible de suspendre un entre-deux-verres en collant au dos deux cartons avec un anneau, mais le sujet n'est plus visible des deux côtés.

Préparer l'entre-deux-verres.

Les cartons bois auront les mêmes dimensions que l'image, moins 2 cm. Par exemple pour une image de 14×9 cm, les cartons feront 12×7 cm.

Fixer l'anneau sur le carton A de 2 mm. Poser de l'adhésif double face tout autour du carton B, recto et verso. Assemblez les cartons A et B recto contre verso. Collez le recto du carton B directement au verre avec de la colle vinylique. Pour plus de netteté, collez une bande de kraft gommé autour du carton de fond. Si vous manquez de double face, faites un quadrillage en papier gommé, directement sur le verre, à l'emplacement réservé au carton de

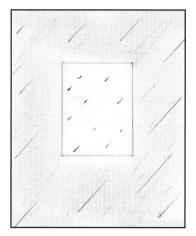

Sous-verre simple.

Sur fond de cache.

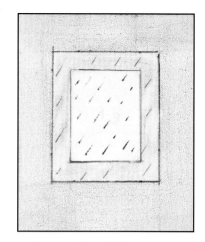

Avec cache extérieur.

Avec un filet.

Avec deux filets.

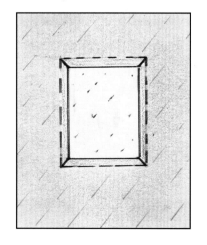

Avec biseau inversé.

Avec feuilles.

Avec fleurs.

fond. Posez les bandes de kraft, une fois dans un sens, une fois dans l'autre. Prenez soin de bien les juxtaposer, et de chasser l'air à l'aide du plioir pour bien aplanir la surface. Encollez le carton de fond et posez-le sur les bandes de kraft.

ENTRE-DEUX-VERRES AVEC CADRE

On peut encadrer un entre-deux-verres comme n'importe quel paquet. En prenant les mesures des verres, calculer juste. A la coupe des baguettes, ajouter 1 mm de jeu. Choisir des baguettes assez étroites (10 à 15 mm maximum). Des petites baguettes en samba ou balsa (utilisées couramment en modélisme) serviront à fixer l'entre-deux-verres dans le cadre. Elles seront peintes dans la même teinte. Les coller avec du double face ou de la colle à bois, en les appuyant contre le verre et le montant de la feuillure.

Entre-deux-verres avec cadre.
Col de dentelle d'époque 1900.
Cadre Louis XVI doré à la feuille d'or fin et bruni.

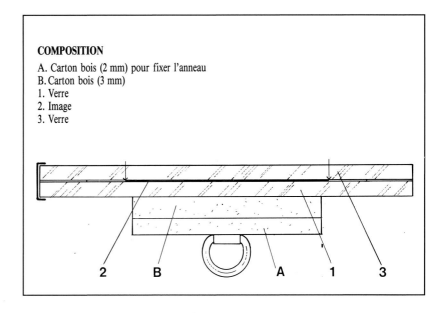

COMPOSITION

A. Carton bois (2 mm) pour fixer l'anneau
B. Carton bois (3 mm)
1. Verre
2. Image
3. Verre

TRIPLE VERRE

Encore plus spectaculaire que l'entre-deux-verres, il n'est pas plus compliqué à réaliser. Il faut prévoir les largeurs des différentes marges. Il peut être bordé ou encadré d'une fine baguette en 6 mm.

Pour une image de 14 × 9 cm :
Largeur des marges : 3 cm
Mesures des deux premiers verres :
- $14 + (2 \times 3) = 20$ cm,
- $9 + (2 \times 3) = 15$ cm.

Cartons de fond : mesures de l'image diminuées de 2 cm, soit 12×7 cm.

Mesures du troisième verre : mesures des deux autres verres plus marges (ici 3 cm), soit :
- $20 + (2 \times 3) = 26$ cm,
- $15 + (2 \times 3) = 21$ cm.

Faites couper deux verres de 20×15 cm et un verre de 26×21 cm.

Marquez les repères avec des petits morceaux de ruban adhésif. Faites un entre-deux-verres avec les verres les plus petits. Posez la bordure personnalisée ou le cadre avant de coller le carton de fond au dos. Il est indispensable que ce carton soit épais pour avoir un espace vide suffisant entre l'entre-deux-verres et le verre n° 3 (pour le nettoyage). Bordez ou encadrez le troisième verre comme le paquet précédent. Collez-le aux cartons de fond de l'entre-deux-verres. Enfin fixez le carton avec l'anneau avec de la colle vinylique.

COMPOSITION D'UN TRIPLE VERRE

1. Carton avec anneau de suspension
2. Verre n° 3 (plus grand)
3. Carton de fond épais (5 mm)
4. Verre n° 2
5. Image
6. Verre n° 1
7. Bordure kraft
8. Bordures personnalisées ou cadres

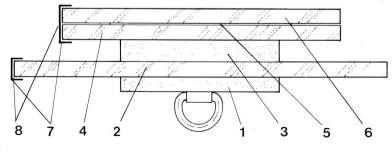

CADRE CHEVALET

Un cadre chevalet mettra particulièrement en valeur une photographie que l'on veut poser sur un meuble.

Fournitures. Carton bois de 2 mm. Carte lisse. Ruban pur fil de lin en 15 mm : 10 cm. Habillage tissu ou papier (tissu suédine dans notre exemple). Encollage à sec.
Fixation du support : 4 tournettes de 25 mm et 4 vis.
Baguettes en bois blanc en pente intérieure, largeur 4 cm.

Mesures intérieures du cadre de notre exemple : $18,2 \times 12,2$ cm.

Marquer les rectos et les versos des cartons.

Carton bois A1. Le fond de cadre est aux mesures intérieures du cadre moins 2 mm. Le retrait sera comblé par l'habillage. Mesures du carton bois : 18×12 cm.
Situer l'emplacement du support au tiers supérieur, à 6 cm. Tracer la ligne D et la mi-largeur du carton. Pratiquer l'ouverture nécessaire au support : 4,2 cm.

Carton bois B1. La hauteur du support est égale aux deux tiers de la hauteur du fond de cadre plus la largeur du cadre, soit $12 + 4 = 16$ cm. Largeurs pour une bonne stabilité : 4 cm en haut, 6 cm en bas.
Le ruban est situé aux trois quarts de la hauteur du support. Pratiquer l'ouverture prévue : 15 mm. Superposer A1 et B1, piquer les repères du ruban. Pratiquer l'ouverture.

Carte lisse C1. La carte du support est aux mesures de B1 plus 2 mm. Pratiquer l'ouverture du ruban en vis-à-vis de B1.

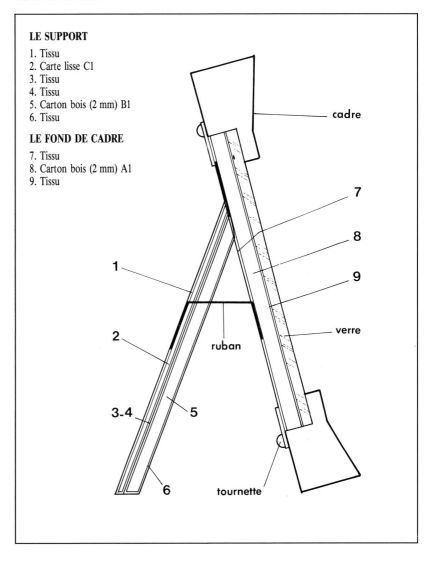

LE SUPPORT

1. Tissu
2. Carte lisse C1
3. Tissu
4. Tissu
5. Carton bois (2 mm) B1
6. Tissu

LE FOND DE CADRE

7. Tissu
8. Carton bois (2 mm) A1
9. Tissu

cadre

7

8

9

verre

1

2

ruban

3-4   5

6   tournette

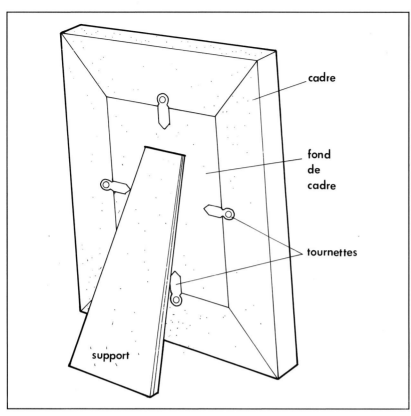

Surfaces d'habillage

Côté verso de A1. Le tissu a les mesures du carton plus 1 cm. Côté **recto**, le tissu a les mesures de A1 moins 2 mm.

Côté recto de B1. Le tissu a les dimensions du carton plus 1 cm sur 3 côtés, plus 2 cm à la partie supérieure. Côté **verso**, la surface habillée a les dimensions de B1 moins 2 mm sur 3 côtés, plus 2 cm à la partie supérieure.

Côté verso de C1. Le tissu a les dimensions du carton plus 1 cm sur 3 côtés, plus 2 cm à la partie supérieure. Côté **recto**, la surface habillée a les dimensions de C1 moins 2 mm sur 3 côtés, plus 2 cm à la partie supérieure.

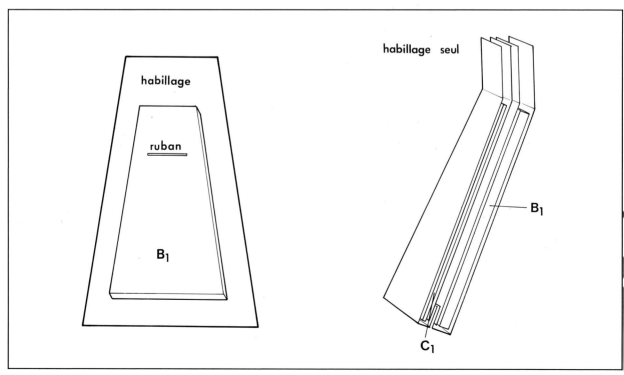

Habillage des cartons

Supprimer 2 mm aux longueurs des cartons B1 et C1 du support.

Carton bois A1. Habiller le verso. Encoller (à sec) les rembords. Couper les angles à languettes (page 43). Remborder.

Carton bois B1. Habiller le recto. Encoller (à sec) les rembords. Couper les angles à languettes. Rabattre les grands côtés et la partie inférieure.

Carte lisse C1. Habiller le verso. Encoller (à sec) les rembords. Couper les angles à coque. Rabattre trois côtés, laisser la partie supérieure.

Fixation du ruban de soutien.
Au départ, couper environ 20 cm de ruban.

Côté recto de B1. Introduire une des extrémités à travers tissu et carton. Incruster 2 cm de sa longueur.

Côté verso de A1. Introduire la deuxième extrémité. Définir l'écartement du support et recouper le ruban. Incruster 2 cm de son extrémité.

Fixation du support.
Encoller à sec la surface C1. Fixer les cartons du support, recto de C1 contre verso de B1.

Côté recto de A1. Introduire 2 cm du support à travers tissu et carton. Les incruster. Encoller le tissu à sec pour recouvrir le côté recto de A1.

Fixation du chevalet.
A l'aide d'une vrille et d'un tournevis (2 mm) fixer les tournettes aux quatre côtés du cadre. Mettre le chevalet en place.

NB. Les baguettes du cadre ont été recouvertes séparément. Les huit languettes et les millimètres supplémentaires ont été collés à l'intérieur des coupes à 45°.
La photo se glisse entre le fond de cadre et le verre.

Cadre chevalet. Clin d'œil de l'auteur.
Baguettes habillées de suédine.
Bouquets de fleur en métal doré vieilli.

LE PÊLE-MÊLE

Très facile à réaliser, vous y réunirez des photos, le cadeau idéal pour faire des heureux ! Voici un pêle-mêle de taille très courante : 30 × 40 cm. Un format 40 × 50 cm permet d'utiliser une baguette de deux mètres, sans chutes.

Outillage et fournitures. Règle lourde. Réglet. Cutter. Crayons. Plioir. Deux anneaux n° 3. Ruban pur fil de lin. De quoi faire l'encollage (à la colle ou à sec). Six tournettes. Six vis. Petits tournevis. Vrille (2 mm). Baguette (talon d'au minimum 1 cm pour fixer les tournettes). Adhésif double face largeur 1 cm environ. Adhésif double face à moquette, largeur 5 cm.

Carton bois. Habiller ce carton côté verso. Rabattre les rembords des grandes longueurs. L'habillage des angles se fait « à languettes ». Ensuite, rabattre les petites longueurs.
Fixer les anneaux en biais, en traversant tissu d'habillage et carton. Enfin, poser les bandes de double face à moquette à 2 ou 3 mm en retrait du pourtour intérieur, plus une bande centrale. Ces bandes serviront à assembler le carton bois et la carte lisse.

Carte lisse. Habiller côté recto : ce sera la face visible du pêle-mêle. Laisser dépasser le tissu de 2 cm tout autour. Rabattre les rembords au plioir, pincer ensemble les replis des angles de façon à former une pointe. Avec des ciseaux pointus, couper l'excédent de tissu au ras de la carte. Former une petite coque avant de replier les rembords sur l'envers du carton.

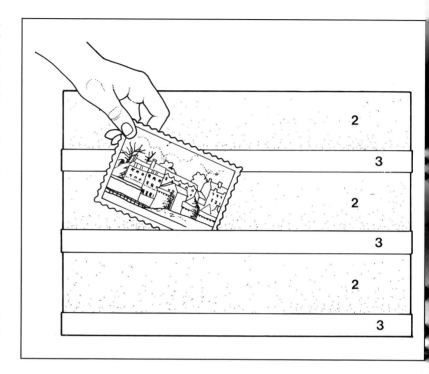

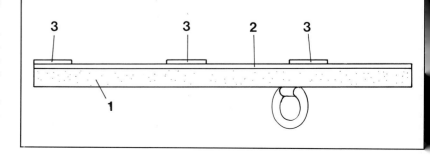

COMPOSITION

1. Carton bois (2 mm) habillé côté verso, avec deux anneaux
2. Carte lisse habillée côté recto (force 490 g)
3. Trois bandes de carte lisse (habillées) pour glisser les photos.

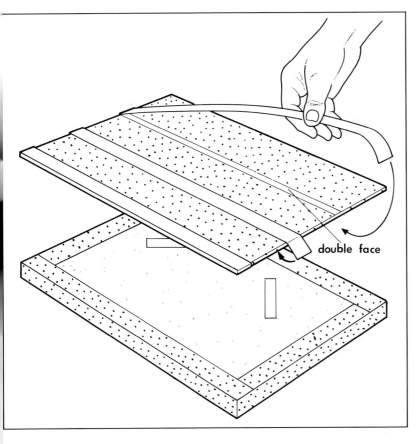

double face

Amorcer le passage de la vis dans la baguette avec une vrille. Poser les tournettes sans trop les serrer afin de pouvoir les tourner aisément. Il est recommandé d'enduire les vis de savon pour éviter qu'elles ne cassent le bois.

Placer le pêle-mêle dans le cadre. Maintenir l'ensemble à l'aide des tournettes.

Pour suspendre le pêle-mêle au mur, relier les anneaux par un cordeau de nylon tressé.

LE PÊLE-MÊLE MAGNÉTIQUE

Les trois bandes. Elles serviront de support aux photos. Elles sont identiques.

Conseil : pratiquer l'encollage à sec. Il est plus facile d'encoller la surface totale des trois bandes, marges comprises (3×4 cm = 12 cm), et de les découper ensuite.

Les bandes de tissu encollé sont coupées à 44 cm pour laisser de chaque côté un retour de 2 cm. Au plioir, rabattre les deux longueurs sur le verso de la carte. Ensuite, sur toute la longueur du verso, appliquer du double face d'environ 1 cm de large à ras du bord inférieur. Le double face permet de fixer la bande sur la carte lisse habillée. La première bande doit être posée au bord inférieur de la carte lisse, le double face placé en bas : le haut de la bande sera libre pour recevoir les photos. Rabattre les deux extrémités au dos de la carte lisse.

Assemblage des deux cartons. Retirer la pellicule de protection du double face à moquette. Sur le plan de travail, poser le carton bois et la carte lisse verticalement. Contrôler que les anneaux sont placés en haut et les bandes vers le bas.

Avec les mains, longer les deux largeurs des cartons pour s'assurer du parfait alignement des côtés avant de juxtaposer les surfaces intérieures, l'une contre l'autre.

Confectionner le **cadre**.

Fixation du verre. Il est fixé à la largeur de la feuillure du cadre, par du double face placé sur le pourtour. Poser le verre et appuyer avec précaution tout autour de façon à le faire adhérer.

Pose des tournettes. Au tiers de chaque côté du cadre (c'est-à-dire deux par côté), fixer les tournettes avec des vis, le bec tourné vers l'intérieur.

Fournitures. Un carton bois. Une plaque en métal ou tôle en fer-blanc de 30 ou 40/100e. 2 anneaux. Des plots magnétiques aimantés. Papier ou contrecollé sur tissu pour recouvrir le carton et la tôle.

COMPOSITION

1. Carton bois (2 mm) habillé côté verso, avec anneaux
2. Plaque de métal habillée côté recto.

Les deux surfaces sont habillées comme le carton bois page 134.

Quelques suggestions de formats : 30×40 cm (le plus classique), 40×50 cm, 40×60 cm, 60×80 cm, 22×62 cm et, à placer sur un bureau ou une étagère, un petit pêle-mêle magnétique de 18×28 cm (prévoir un support : voir cadre chevalet, page 131).

LES BOÎTES MONTÉES

La technique de la boîte montée vous permettra de réaliser des vitrines d'un effet très spectaculaire et faciles à construire. Elles vous serviront aussi bien à présenter des médailles, un éventail que des soldats de plomb, ou des objets de toutes sortes de collections.

Livre ancien fixé dans un boîtage habillé de tissu imitation daim. Lorgnon d'époque ! Pages ouvertes sur un signet de fleurs séchées.

Vitrine à fond de miroir (page 138).
Boîtage habillé de tissu.
Cadre amovible en baguettes de style
Renaissance.

UNE VITRINE À ÉTAGÈRES

Fournitures. Carton bois, épaisseur 3 mm. Carte lisse. Colle blanche épaisse. Anneau. Ruban. Plioir. Chiffon. Cutter. Baguette de modélisme (0,3 × 0,3 cm).

Tous les cartons composant le boîtage sont coupés séparément : fond, grands côtés et petits côtés des montants, étagères, plat, contre-plat. La coupe des cartons doit être parfaite.

LES MESURES

Carton de fond : 16 × 20 cm.
Sur le carton de fond marquez l'emplacement de l'anneau.
Mesures des montants de la boîte :
— Grands côtés : longueur du carton de fond, soit 20 cm.
— Petits côtés : largeur du carton de fond + 2 épaisseurs de carton, soit 16 cm + (2 × 0,3 cm) = 16,6 cm.
— Largeur des montants : 3 cm pour les 4 côtés.
Mesures intérieures de la boîte : ce sont celles du carton de fond, soit 16 × 20 cm.
Mesures du plat (intérieur de la boîte) : longueur et largeur du carton de fond moins 2 mm (habillage), soit 15,8 × 19,8 cm.
Mesures extérieures de la boîte : ce sont celles du carton de fond augmentées de l'épaisseur des montants (2 × 0,3 cm), soit 16,6 × 20,6 cm.
Mesures du contre-plat (dos de la boîte) : ce sont les mesures extérieures de la boîte (16,6 × 20,6 cm) diminuées de 3 à 6 mm tout autour (5 mm dans notre exemple), soit 16,6 − (2 × 0,5) = 15,6 cm et 20,6 − (2 × 0,5) = 19,6 cm.

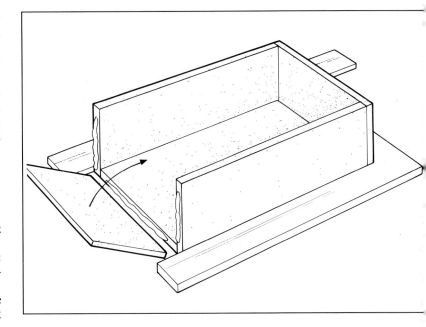

Remarque. Le contre-plat peut être exactement aux mesures extérieures de la boîte, mais je vous conseille de le mettre légèrement en retrait afin qu'il ne soit pas visible de profil.

Étagères

— Largeur des montants (3 cm) diminuée de 5 mm, soit 2,5 cm. Ces 5 mm représentent l'épaisseur du carton (3 mm) et de l'habillage (2 mm).
— Longueur : largeur du carton de fond (16 cm) diminuée de 2 mm, soit 15,8 cm. Ces 2 mm seront occupés par l'habillage.

MONTAGE DE LA BOÎTE

Marquez l'emplacement de l'anneau au dos du carton de fond. Placez les cinq cartons (carton de fond et montants) sur une feuille de maculature. Appliquez un filet de colle sur les arêtes des grands côtés, encollez les petits côtés. Maintenez les cinq cartons entre équerre et règle lourde et laissez sécher. Renforcez les arêtes par des bandes de papier kraft collées à l'extérieur et à l'intérieur de la boîte. Consolidez également les angles de la même façon. Ces bandes de kraft seront recouvertes par l'habillage de la boîte.

HABILLAGE
DE LA BOÎTE

Tissu ou papier, uni ou fantaisie, le choix est infini : fleurs, rayures, chiffres, lettres, cœurs, seuls ou coordonnés (exemple : fleurs et rayures). En règle générale le papier ou le tissu doit être pris dans le sens de fabrication (voir pages 39 et 41).

Mesures de la bande d'habillage des montants de la boîte :
– la longueur est égale à celle du périmètre extérieur du carton plus 1 cm, soit $(2 \times 16,6$ cm$) + (2 \times 20,6$ cm$) + (1$ cm$) = 75,4$ cm ;
– la largeur est égale à 2 fois la largeur des montants de carton plus 3 à 4 cm de rembord, soit pour notre exemple 9 à 10 cm.

Remarque. Vous pouvez habiller la boîte avec quatre bandes coupées séparément, cela dépendra du métrage du tissu ou du papier choisi. Vous pouvez également recouvrir séparément les montants de la boîte, périmètre extérieur et intérieur, en une ou plusieurs longueurs.

Tracez au crayon une ligne à mi-largeur de la bande d'habillage. Encollez cette bande. Placez le carton sur la ligne à 1 cm en retrait de son extrémité. La bande est appliquée en tournant la boîte sur le tracé au crayon. Le raccord se fait à l'angle de départ : le centimètre supplémentaire est glissé sous la deuxième extrémité de la bande. A une forte épaisseur de carton, coupez les angles à 45°. Rabattez les languettes des angles. Bordez les parois. Descendez bien la bande d'habillage en l'appliquant jusqu'au fond. Marquez les arêtes au plioir. Le rabat du fond est coupé aux angles suivant la bissectrice. Bordez le dessous de la boîte. Habillez le contre-plat, collez-le au dos du fond et posez l'anneau. Habillez le plat et collez-le à l'intérieur de la boîte.

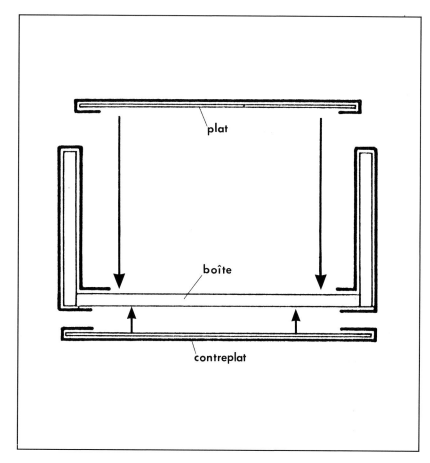

plat

boîte

contreplat

LES ÉTAGÈRES

Situez l'emplacement des étagères. Elles sont retenues par des baguettes de modélisme $(0,3 \times 0,3$ cm$)$ collées et clouées.

Remarque. Avec un miroir collé au fond, vous doublez l'effet de profondeur. Dans ce cas les étagères seront coupées dans du verre (épaisseur 3 mm). Les bords seront dépolis par le miroitier.

Le cadre s'emboîte sur la vitrine. Il est donc important qu'il soit juste à ses mesures. On peut le laisser tel ou le clouer.

ENCADREMENTS ANIMÉS

Pour le plaisir de vos enfants, des encadrements presque vivants !
Ce sont de simples boîtages dans lesquels certains éléments (bonbons, sable, copeaux) sont laissés libres.

Boîtage « chute de neige »
Effet obtenu grâce à des copeaux de plastique.
Habillage intérieur et extérieur de la boîte en
contrecollé 8/10ᵉ.
Baguette caisse laquée blanc.

Boîtage de sable mouvant.
Photo collée sur un fond de cache contrecollé
bleu et une partie en papier de verre. Le sable est
mêlé de paillettes dorées. Soleil et nuages sont
peints sur le verre.
Baguette plat de caisse en bois naturel.

Boîtage kaléïdoscopique.
Présentation pyramidale.
Baguette bicolore. Moulure de bois reconstitué et verni.

L'ÉVENTAIL

Le modèle proposé est sur le principe de la boîte montée (page 138).

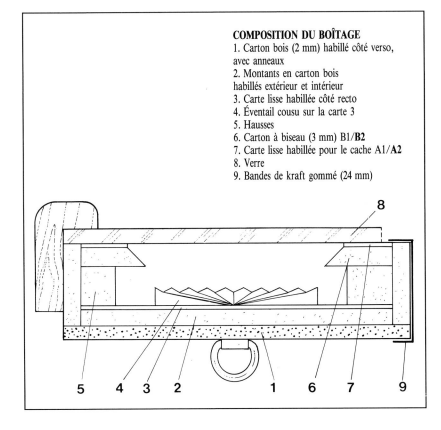

COMPOSITION DU BOÎTAGE
1. Carton bois (2 mm) habillé côté verso, avec anneaux
2. Montants en carton bois habillés extérieur et intérieur
3. Carte lisse habillée côté recto
4. Éventail cousu sur la carte 3
5. Hausses
6. Carton à biseau (3 mm) B1/**B2**
7. Carte lisse habillée pour le cache A1/**A2**
8. Verre
9. Bandes de kraft gommé (24 mm)

Trouver l'ouverture qui mettra l'éventail en valeur.

Mesures du carton de fond pour un éventail ouvert en demi-cercle de rayon R :
— longueur : 2 R + marges
— largeur : R + marges

Carton à biseau B1/B2. Dessinez la forme de l'éventail ouvert sur le carton à biseau. Faites un nouveau demi-cercle à 1 cm en retrait extérieur. Ouvrez le biseau suivant ce second tracé.

Cache A1/A2. Ouvrir le cache comme d'habitude. Recouvrir le biseau en papier doré vieilli en crantant la partie arrondie (voir page 102).

Construire la boîte (montants de 3 cm environ = épaisseur de l'éventail ct dcs cartons) ct l'habiller (voir page 138).

Habiller la carte lisse (3), côté recto. Couper le tissu à ras du périmètre. Coudre l'éventail sur la carte lisse habillée, avec du fil nylon invisible. Autour du périmètre intérieur de la boîte, fixez des hausses pour surélever le carton biseauté. Ce creux est nécessaire au relief de l'éventail. Fixez le verre à la boîte avec des bandes de kraft. Emboîtez le cadre que vous fixez principalement aux angles par quelques clous.

LE MÉDAILLIER

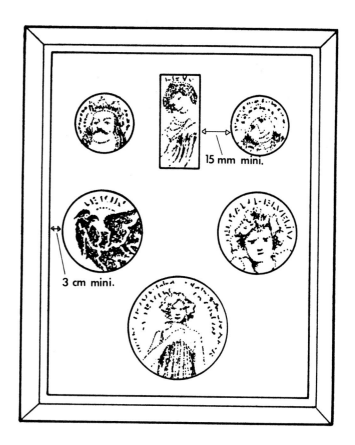

Toujours sur le modèle de la boîte montée.
Les mesures des ouvertures doivent être très précises.

Tissu d'habillage : velours de coton.
Baguettes dorées de 15 mm au minimum.

COMPOSITION DU MÉDAILLIER
1. Boîte en carton bois (3 mm)
2. Contreplat en carton bois (2 mm), avec anneau
3. Plat en carte bulle habillée au recto
4. Carton bois (3 mm) évidé et habillé au recto
5. Verre fixé dans la feuillure du cadre.

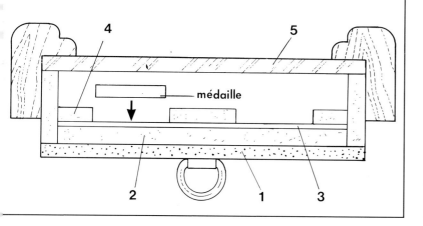

Les mesures
Sur le carton 4 disposer les médailles selon son goût. Il faut un espace minimum de 15 mm entre deux médailles et une marge extérieure de 3 cm. On obtient les mesures du carton 4. On peut s'aider d'un papier calque quadrillé.
Les autres cartons seront à ces mesures augmentées d'environ 2 mm (épaisseur de l'habillage).

La boîte
Construire et habiller la boîte selon les indications de la page 138. Habiller le contreplat. Le coller au dos de la boîte. Poser l'anneau à travers tissu, contreplat et fond de la boîte. Habiller le plat en coupant le tissu à ras et le coller dans la boîte.

Évider* les emplacements des médailles dans le carton 4 : les ouvertures doivent être plus grandes d'1 ou 2 mm (épaisseur de l'habillage). Habiller le carton 4 en bordant le périmètre. Cranter pour border les ouvertures.

Les médailles étant d'épaisseurs différentes, il faut unifier la surface par des hausses sous les moins épaisses. Fixer les médailles par un morceau d'adhésif double face neutre.

Fixer le verre en le collant avec de l'adhésif double face appliqué sur la largeur de la feuillure du cadre. Clouez le cadre particulièrement aux angles.

VARIANTES

1. Ajoutez au médaillier précédent un carton à biseau bordé de papier doré, recouvert d'une carte bulle habillée de velours.
Les médailles sont incrustées ou retenues par des griffes spéciales.
2. Il n'est pas nécessaire de faire une boîte montée. Comme pour le biseau inversé (page   ), il suffit de choisir une baguette dont le montant de la feuillure permet de cacher les épaisseurs des cartons. Dans ce cas, il faut recouvrir le montant de la feuillure par des hausses (carton bois de 2 mm habillé de velours).
3. Plusieurs variantes sont possibles à partir des techniques déjà apprises : biseaux à ouverture en retrait, biseaux à ouvertures superposées, etc.

Boîtage habillé de velours.
Baguette Louis-Philippe, doré patiné

* Pour réaliser facilement les ouvertures circulaires de petit diamètre, il existe des cutters circulaires spéciaux.

DES IDÉES...

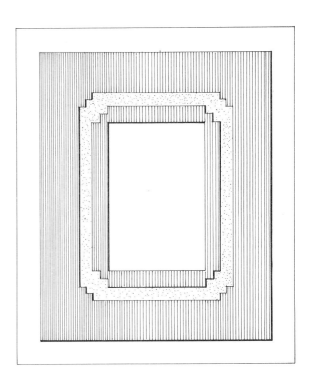

Ornementation d'un cache.
Cache (Vergé 8/10e) avec fenêtre et
découpe ouvertes sur un fond de
cache de couleur différente.

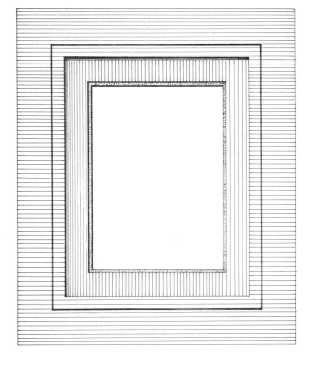

Superposition de caches et
sous-carte :
— sous-carte intérieure,
— un premier cache en contrecollé
8/10e, vieilli,
— un deuxième cache en contrecollé
8/10e blanc cassé,
— un filet extérieur tiré à blanc sur
le deuxième cache.

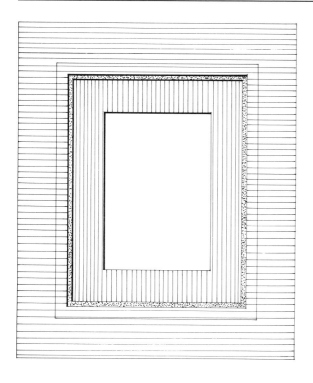

Superpositions de caches et sous-carte :
— cache contrecollé 8/10ᵉ blanc cassé,
— cache dans le même contrecollé, bord peint à la gouache (gris soutenu moucheté, par exemple),
— sous-carte extérieure teinte à l'encre de Chine noire et passée à la cire à dorer or,
— cache en contrecollé vergé peint à la gouache (gris clair),
— filet extérieur or.

Ornementation d'un cache.
Cache en contrecollé 8/10ᵉ. Les découpes, évidées, laissent apparaître un papier reliure collé sous le contrecollé.

Superposition de trois caches en vergé 8/10ᵉ.
Les deux premiers caches sont blanc cassé.
Le troisième cache est peint à l'aquarelle dans une teinte en harmonie avec le sujet.

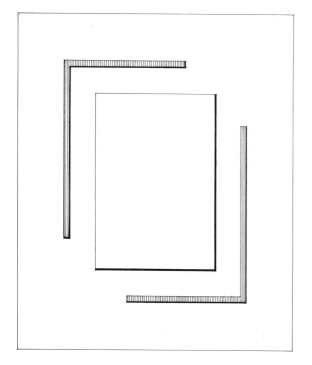

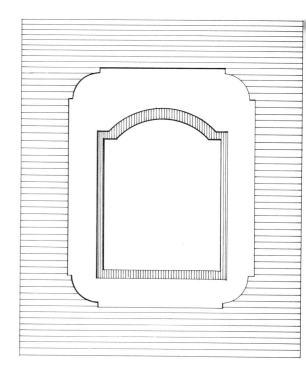

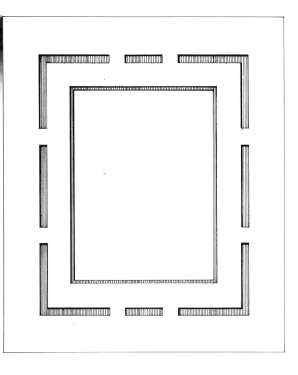

Superposition d'une carte lisse (sous-carte) dont le bord intérieur est peint directement, et d'un cadre en contrecollé 8/10e.
Le cadre est évidé et laisse apparaître un papier fantaisie collé sur la carte lisse (ou peinture).

Cache en contrecollé vergé 8/10e.
Dans la fenêtre, il a été laissé un grand arc de cercle. Il peut être peint aux couleurs de l'arc-en-ciel pour éclairer le ciel d'une photo de vacances par exemple.

Carte lisse habillée de papier fantaisie.
Sous-carte extérieure.
Cache en contre-collé vergé 8/10e.
Filet à l'encre de Chine.

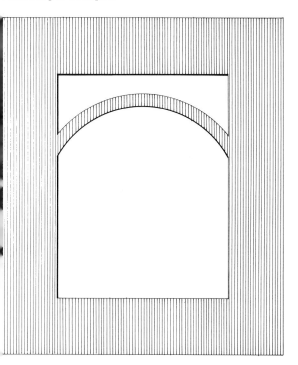

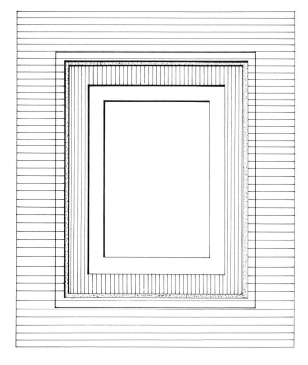

Gabarits de lavis pour une fenêtre ovale.

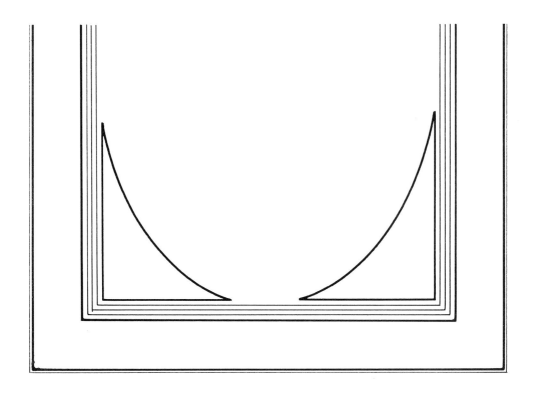

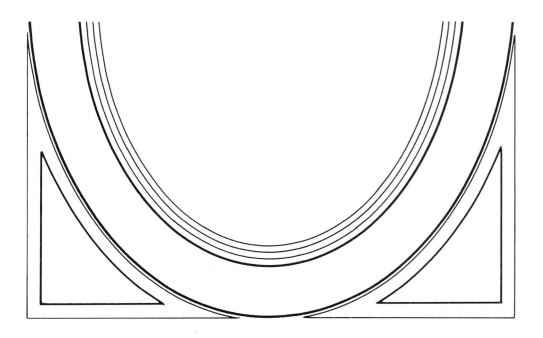

QUELQUES TERMES TECHNIQUES

Biseau. C'est le bord d'un carton taillé obliquement, le plus souvent à 45°. Une fenêtre coupée en biseau donne de la profondeur au sujet encadré. Le biseau anglais est taillé dans l'épaisseur d'un carton (voir page 72). Le biseau français est construit par pliage d'une carte mince (voir page 107).

Border. Rabattre sur l'envers une marge de tissu ou de papier dépassant une surface.

Bordure. Bande recouvrant le contour du paquet pour retenir l'ensemble des éléments.

Cache. Surface du carton entourant l'image. Appelé aussi **passe-partout** ou **fenêtre** (voir page 53). Ce peut être un contrecollé papier ou tissu, une carte ou même un carton bois.

Chant. Voir **Tranche**.

Contredos ou **contreplat.** Surface d'un carton qui, une fois habillée, se colle contre le dos d'un autre carton.

Équerrer (équerrage). Rendre droits les angles d'un carton pour que deux côtés se rejoignent à 90°. Les quatre angles des cartons d'un sous-verre doivent être parfaitement équerrés. Voir page 33.

Fenêtre. Voir **Cache**.

Filet. Très étroite marge dépassant d'un carton, ou tracé : filet de la sous-carte (page 70), filet tracé à l'encre, ou filet tiré à blanc avec un plioir (page 66).

Habillage. Recouvrir de papier ou de tissu un carton, une baguette, etc.

Hausse. Bande de carton ou baguette en bois servant à hausser le verre ou un cache, à surélever, à créer un espace vide. Une hausse peut augmenter le montant d'une feuillure de baguette.

Jeu. Espace aménagé entre deux éléments permettant à un objet de bouger aisément. Le paquet dans le cadre laisse un jeu de 2 mm. Les mesures des baguettes sont prises avec un jeu de 2 mm.

Lavis. Voir page 67.

Marge. Voir page 59.

Macule. Feuille de journal ou autre papier servant à protéger le plan de travail lors des encollages.

Marie-louise. Voir page 120.

Plat. Surface de carton placée devant un autre.

Paquet. Ensemble des éléments comprenant un sous-verre : cartons, sujet, verre. Le tout est maintenu par une bordure de papier kraft gommé collée tout autour. Voir page 47.

Rabat. Marge dépassant une surface à recouvrir pour être repliée sur le chant et l'envers d'un carton.

Recto. Endroit. Côté face d'une feuille de papier, d'un carton, d'une image.

Rembord. Marge dépassant une surface couverte pour être rabattue sur l'autre face d'un carton.

Remborder. Replier une marge dépassant une surface couverte et rabattre sur l'autre face.

Retrait extérieur. Au-delà, vers l'extérieur, par rapport à une ligne déterminée ou un point repère. Plus loin.

Retrait intérieur. En arrière, vers l'intérieur par rapport à une ligne déterminée ou un point repère.

Sous-carte. Carton de faible épaisseur placé sous un autre carton de telle sorte qu'il laisse apparaître quelques millimètres de sa fenêtre. Ce filet est le plus souvent de 2 à 5 mm. Voir page 70.

Tasseau. Petite baguette de bois destinée à servir de support. Dans l'encadrement, un tasseau permet de créer un espace vide, ou sert de support aux étagères d'un boîtage.

Tranche ou **chant** d'un carton. Épaisseur du bord coupé.

Verso. Envers, dos d'une feuille de papier, d'un carton, d'une image.

ADRESSES

Mes pérégrinations dans Paris pour découvrir les fournisseurs de mes rêves m'ont menée chez :

Rougier et Plé
Une véritable caverne d'Ali Baba pour tout ce qui concerne les travaux manuels, et en plus, souvent, vous avez des démonstrations.
Un rayon est spécialisé pour l'encadrement. Vous y trouverez « tout » ce dont vous pouvez avoir besoin, du petit outillage jusqu'à la machine la plus sophistiquée à couper les cartons ou les baguettes.
13-15, boulevard des Filles-du-Calvaire 75003 PARIS.
Tél. : 42.72.82.90
Magasins à Bordeaux, Nantes, Lyon, Lille.
Vente par correspondance :
BP 60 - 91164 Longjumeau Cedex
Tél. : (1) 69.30.19.11

Relma
Un autre paradis. Ici des papiers de rêve, un arc-en-ciel de tissus et, nouveau, un rayon « encadrement » avec outillage et baguettes. Cette très ancienne boutique vous émerveillera...
6, rue Danton, 75005 PARIS
Tél. : 43.25.40.52

Texlibris
Également un grand spécialiste de tissus, cette maison vous propose un rayon « cadres et baguettes ».
34, rue du Sentier, 75002 PARIS
Tél. : 42.33.86.97

La Feuillure. Un magasin bien fourni en matériaux pour l'encadrement.
11, rue du Commandant-Nismes, 92500 Rueil-Malmaison
Tél. : 47.51.18.10

Papiers Paris
Ce magasin est connu de tous les encadreurs. Il représente les principales marques, vous y trouverez un choix très important de cartons, papiers, contrecollés, tissus, accessoires, matériel et baguettes.
26, rue Vercingétorix, 75014 PARIS
Tél. : 43.22.93.60

Paris-Vallauris
Seul en son genre. Très belles baguettes, mais aussi splendides cadres de tous styles. L'accueil y est particulièrement aimable.
91, rue de Vaugirard, 75006 PARIS.
Tél. : 45.48.79.75

Centre de l'Encadrement
76, bld Richard Lenoir, 75011 PARIS
Tél. : 43.57.47.25

Boutique de l'Encadrement
(vente aux professionnels)
1 bis, rue Mornay, 75004 PARIS
Tél. : 42.71.09.30

La Théière de Bois
5 bis, rue Exelmans
78000 VERSAILLES
Tél. : 39.53.72.85

L'Eclat de verre
10, rue André-Chénier
78000 VERSAILLES
Tél. : 39.53.14.98

Art et Conservation
(produits de conservation)
33, avenue Trudaine
75009 PARIS
Tél. : 48.74.95.82

FABRICANTS DE CADRES ET BAGUETTES

Pinçon
6-8, rue de la Vacquerie,
75011 PARIS - Tél. : 43.79.10.81

La Baguette de Bois
5, impasse Marie-Blanche,
75018 PARIS - Succursale à Bordeaux
Tél. : 46.06.36.80

La Baguette Dorée
12, rue Gît-le-Cœur, 75006 PARIS
Tél. : 43.26.58.06

Maison M.C.
5, rue de la Poterne
77390 Chaumes-en-Brie
Tél. : 64.06.04.36

OÙ APPRENDRE L'ENCADREMENT À TOUT ÂGE

École de l'Union Centrale des Arts Décoratifs
Encadrement d'art
63, rue de Monceau
75008 PARIS
Tél. : 45.63.37.39

A.D.A.C.
(Association pour le développement de l'animation culturelle)
Renseignements : 27, quai de la Tournelle, 75005 PARIS
Tél. : 43.26.13.54

Centre Inter 7
105, rue Saint-Dominique,
75007 PARIS
Tél. : 47.05.48.44

Dans différents centres culturels de Paris, et en province.
Renseignements dans les mairies.

TABLE DES MATIÈRES

BEAUX-ARTS - ARTS DÉCORATIFS
DANS LE CATALOGUE FLEURUS IDÉES

RELIURE

Henriette Rigaut
La reliure comme un professionnel

PEINTURE SUR TISSUS

Litza Bain
Je peins sur tissus à la manière de...

Claude Soleillant
Pratique de la peinture sur soie, 1
Peinture sur soie, 2
Peinture sur soie, 3 technique sur anti-fusant
Les impressions du soleil sur soie et sur coton
Motifs pour peinture sur tissus
Techniques simples pour peindre tous tissus

Maryvonne Durant
Peinture sur tissus de coton

Huguette Kirby
Les tissus en voient de toutes les couleurs

Colette Lamarque
Aquarelles sur soie

Mireille et Dominique Banquet
Panneaux en peinture sur soie

Régine Libessart
Le livre complet de la peinture sur soie
Dossier-mode de la peinture sur soie

Claire Mayade
Bijoux en soie

Zarza
Abat-jour en soie peinte

POUR DÉCOUVRIR L'HISTOIRE DE L'ART

Monica Buckhardt
Le jouet de bois de tous les temps, de tous les pays

Pierre Andrès
Les machines singulières

Eska Kayser / Jacqueline Marquet
Un tableau, un enfant, un peintre, une histoire

AUTRES TECHNIQUES, AUTRES SUPPORTS

Annette Huster
Peindre avec des fils de laine

Vincent Rougier
Tout décorer à la cuve

Jane Pécheur-Gilad
Le bois peint

Ramos
Peinture paysanne pour tous

Huguette Kirby
Motifs modernes pour peinture sur bois

Colette Lamarque
Peinture sur porcelaine

ENSEIGNEMENT ARTISTIQUE

Marie-Claude Courade
Anne Lalande
Le fusain ou l'apprentissage du dessin
Le pastel ou la découverte de la couleur

Françoise Hannebicque
Pour le peintre amateur (dessin, aquarelle,
  gouache, huile, craie d'art)

Collection les Secrets de l'artiste
Les secrets de la peinture à l'huile
Les secrets de l'aquarelle
Les secrets du paysage
Les secrets du dessin au crayon
Les secrets de la nature morte
Les secrets du croquis

INITIATION AU DESSIN, AUX COULEURS

La bruine
Cartogravure
Avec des encres de couleur
Techniques de peinture fantaisie
Pour faivre vivre les couleurs
Techniques originales avec des crayons de couleur

Photos de couverture :
Baguettes et cadres en marqueterie
véritable, fabriqués par Natalini
et distribués en France par Texlibris S.A.

Tous les encadrements sont de l'auteur.
Photos : Dominique Farantos, sauf mentions contraires.
Croquis : Zarza, sauf pages 145 à 148 : Jean-Pierre Clerc.

Achevé d'imprimer en mars 1989 par l'imprimerie Clerc - 18200 ST AMAND
N° d'édition 89040 - Dépôt légal à la date de parution
ISSN : 0248-3602 - ISBN : 2.215.01227-7 - 1re édition